Windows 11
für Umsteiger

So wechseln Sie stressfrei aufs neue System

Tipps für Alltag, Sicherheit und Datenschutz

Steffen Haubner

Windows 11 für Umsteiger

Impressum

Herausgeber
Verein für Konsumenteninformation (VKI), Linke Wienzeile 18, 1060 Wien
ZVR-Zahl 389759993
Tel. 01 588 77-0, Fax 01 588 77-73, E-Mail: konsument@vki.at
www.vki.at I www.konsument.at

Geschäftsführung
Mag.(FH) Wolfgang Hermann

Autor
Steffen Haubner

Produktion/Grafik
Günter Hoy

Foto Umschlag
Angelika Smile/Shutterstock.com
A9 STUDIO/Shutterstock.com

Fotos Textteil
VKI (wenn nicht anders angegeben)

Druck
Holzhausen Druck GmbH,
2120 Wolkersdorf

Bestellungen
KONSUMENT Kundenservice
Mariahilfer Straße 81, 1060 Wien
Tel. 01 588 774, Fax 01 588 77-72
E-Mail: kundenservice@konsument.at

Printed in Austria

Wir sind bemüht, so weit wie möglich geschlechtsneutrale Formulierungen zu verwenden. Wo uns dies nicht gelingt, gelten die entsprechenden Begriffe im Sinne der Gleichbehandlung grundsätzlich für beide Geschlechter.

Bibliografische Information der Deutschen Nationalbibliothek
Die Deutsche Nationalbibliothek verzeichnet diese Publikation in der Deutschen Nationalbibliografie; detaillierte bibliografische Daten sind im Internet über http://dnb.d-nb.de abrufbar.

Verein für
Konsumenteninformation
ISBN 978-3-99013-114-5

€ 25.–

Zu diesem Buch

Liebe Leser!

Irgendwann kommt der Moment, in dem man ins kalte Wasser springen und sich von Altbewährtem trennen muss. Jede neue Windows-Version erntet erst einmal viel Kritik, die Anwender verunsichert und davon abhält, diesen Schritt zu tun. Der Microsoft-Konzern hat das Seinige zu dieser Verunsicherung beigetragen, zum Beispiel mit einer schwer nachvollziehbaren Update-Politik oder der Ankündigung, gar kein neues Windows mehr veröffentlichen zu wollen. Tatsächlich gibt es nun aber doch Windows 11, und auch die Updates bekommt Microsoft immer besser in den Griff.

Dieses KONSUMENT-Buch soll Sie ermutigen, dem aus unserer Sicht vielseitigsten Betriebssystem auf dem Markt eine neue Chance zu geben und den Umzug inklusive all Ihrer Daten und Dokumente konsequent anzugehen. Eventuelle Probleme, die es auch unter Windows 11 noch immer geben kann, sollen dabei aber keinesfalls ausgeblendet werden. Ferner wollen wir Ihnen dabei helfen, sich schnell zurechtzufinden, neue Funktionen zu entdecken und sie sinnvoll zu nutzen.

Auf den folgenden Seiten finden Sie viele Tipps, die Ihre tägliche Arbeit merklich erleichtern werden, nützliche Informationen zur Vernetzung mit dem Internet und mit anderen Geräten sowie zur Kommunikation mit anderen Nutzerinnen und Nutzern. Dem Thema Sicherheit messen wir bei alldem einen hohen Stellenwert bei, sowohl hinsichtlich Ihrer eigenen Inhalte als auch möglicher Angriffe von außen. Und schließlich wollen wir Ihnen dabei helfen, Windows 11 so einzurichten, wie es für Sie persönlich am sinnvollsten und bequemsten ist. Windows 11 bietet für all das die passenden Werkzeuge – nur dass diese oft gar nicht so einfach zu finden sind. Wo es funktionale Lücken gibt, lassen sich diese durch Programme von Drittanbietern ergänzen. Auch sie kommen in diesem Buch zur Sprache.

Ob Sie von einer älteren Windows-Version umziehen wollen oder schon umgezogen sind; ob Sie einen neuen Computer gekauften haben, auf dem Windows 11 schon vorinstalliert ist, oder das Betriebssystem eigenhändig installieren wollen. Dieses Buch soll Ihnen dabei helfen, Windows 11 optimal zu nutzen, und Ihnen mit leicht verständlichen Anleitungen und fundierten Informationen Zeit und Ärger ersparen.

Ihr KONSUMENT-Team

Inhalt

Inhalt

Inhalt

Einleitung

Warum es nun doch ein neues Windows gibt und was die neue Version anders und besonders macht.

Windows 10 wird das letzte Windows sein, das jemals erscheint. So hieß es im Jahr 2015, als die damals neue Version des Betriebssystems aus dem Hause Microsoft erschien. Umso überraschender, dass nun das Supportende zum 14. Oktober 2025 angekündigt wurde. Spätestens bis dahin muss man sich nun also doch von Windows 10 verabschieden – falls man es überhaupt schon installiert hat. Viele Nutzerinnen und Nutzer haben sich dem ja bislang verweigert und sind nach wie vor mit Windows 7 oder 8 unterwegs. Auch sie können – sofern die Voraussetzungen dafür gegeben sind – auf Windows 11 wechseln, möglicherweise sogar kostenlos. Wenn Sie wechseln möchten oder müssen, finden Sie in diesem Buch alles, was Sie dafür wissen müssen. Doch auch wenn Sie mit dem Gedanken spielen, einen neuen PC zu kaufen, oder dies schon getan haben, werden Sie mit hoher Wahrscheinlichkeit ebenfalls mit Windows 11 konfrontiert.

Wie immer Sie zu Windows 11 gekommen sind: Auf den folgenden Seiten wollen wir Ihnen dabei helfen, sich mit dem neuen Betriebssystem zurechtzufinden. Neu? Nun ja, der Sprung von Windows 10 zu Windows 11 ist nicht so groß, dass man alles von Grund auf neu lernen muss. Und doch sind einige Dinge anders, bestimmte Funktionen finden sich nicht mehr dort, wo sie vorher waren, oder gar nicht mehr. Wer kennt es nicht, dieses „Wo-um-alles-in-der-Welt-haben-sie-denn-jetzt-XY-hingepackt?!" Und nicht immer, wenn Microsoft etwas einfacher machen wollte, ist dies auch tatsächlich gelungen. Manches, das aus mitunter nicht ganz nachvollziehbaren Gründen aussortiert wurde, werden Sie stattdessen schmerzlich vermissen. Doch keine Sorge: Wir verraten Ihnen, wie Sie Windows 11 so anpassen und gegebenenfalls mit anderen Programmen ergänzen, dass es zu einem Werkzeug wird, mit dem Sie effektiv und gern arbeiten.

Das kostet im Alltag viel Zeit und Nerven – eine Erfahrung, die wir Ihnen gerne ersparen würden. Aus diesem Grund haben wir alles an Informationen zusammengetragen, was für Sie relevant sein oder werden könnte, und wagen aufgrund unserer langjährigen Erfahrung mit Windows einen Ausblick auf kommende Entwicklungen.

Windows 11: Das Windows, das es nie geben sollte

Bis 2025 ist ja noch etwas Zeit, doch woher kommt Microsofts Sinneswandel? Tatsächlich wird die Nummer 10 – die Nummer 9 wurde damals aus Marketinggründen mal eben übersprungen – gegen Ende des Jahres 2025 von Windows 11 abgelöst. Das hat sicher auch damit zu tun, dass die „Funktionsupdates", also das automatische Aufspielen neuer Versionen, bei den Nutzerinnen und Nutzern von Anfang an extrem unbeliebt war. Ob zu Recht oder nicht – darüber muss man sich nun jedenfalls nicht mehr streiten. Zudem hat sich nun offenbar so viel geändert, dass das für ein Funktionsupdate etwas zu viel des Guten gewesen wäre. Nicht nur optisch erinnert vieles nun an den großen Konkurrenten mit dem Apfel-Logo. Die große Flexibilität, die man mit Windows in Sachen Hardware hat, soll sich nun offenbar auch in einer recht frei konfigurierbaren Benutzeroberfläche widerspiegeln. Die Kacheln werden abgeschafft, in den Vordergrund treten Apps, Widgets und der direkte Zugang zu Videochats und anderen Kommunikationswegen.

Nach all den „Funktionsupdates", die nicht wenige Nutzerinnen und Nutzer an den Rand des Nervenzusammenbruchs brachten, Windows aber nur häppchenweise weiterentwickelten, soll Windows 11 ein Befreiungsschlag werden. Als erstes fällt das aufgeräumte Startmenü ins Auge. Statt kryptischer Kacheln und Werbeschrott (Stichwort „Candy Crush") finden sich dort nur noch Apps, die man wirklich verwendet. Das ist eine Wohltat, nicht nur fürs Auge. Komplett überarbeitet wird derzeit auch der Windows Store. Gegenüber den Mitbewerbern Apple und Google machte die App-Verkaufsplattform bisher keinen Stich. Zu intransparent und unaufgeräumt wirkte das Angebot bislang, zu einzelnen Apps gab es viel zu wenig Informationen. Künftig sollen dort auch Widgets – sich selbst aktualisierende Apps, die etwa der Anzeige des Wetters oder der Nachrichten dienen – von externen Entwicklern zu finden sein. Dank einer Kooperation mit Amazon wird es sogar Android-Apps geben, die man auf Handy und PC geräteübergreifend nutzen kann.

Eine dringende Baustelle ist auch der Datei Explorer, früher „Windows Explorer" genannt. Microsoft verabschiedet sich von den sperrigen „Ribbon"-Menüleisten, um sie durch eine übersichtlichere „Toolbar" zu ersetzen. Aus unserer Sicht ist das allerdings eher ein Rückschritt, denn die Menüs wirken nun natürlich aufgeräumter, dafür sind aber allzu oft mehr Schritte nötig, um an bestimmte Funktionen zu kommen. Wichtige Funktionen wie das Kopieren oder Verschieben von Dateien und Ordnern direkt aus der Menüleiste gibt es rätselhafterweise gar nicht mehr. Unter anderem im Kapitel „Der Datei Explorer" (siehe ► Seite 108ff) erklären wir Ihnen, wie Sie sich behelfen können und wie Sie den Datei Explorer trotzdem effektiv nutzen.

Augenscheinlich ist, dass sich Microsoft an vielen Stellen an Mobilgeräten orientiert hat und sicherstellen möchte, dass die Dateiverwaltung auch auf Geräten mit Touchscreen bequem bedienbar ist. Schließlich ist auch der Tablet-Modus unter Windows 11 weggefallen.

Vielseitiger wird auf jeden Fall die „Snap"-Funktion, also das Anheften von Fenstern in den Bildschirmecken. Und zwar im wahrsten Sinn des Wortes. Denn künftig kann man sechs statt nur vier Fenster gleichzeitig fixieren und sie sogar in Gruppen organisieren. Dafür braucht man natürlich einen entsprechend großen Bildschirm, was belegt, dass Microsoft sich doch noch nicht ganz von den Nutzern klassischer Desktop-PCs verabschiedet hat. Mittels Update wurde aus der Funktion mittlerweile ein ganzes Bedienkonzept namens „Snap Layout", auf das wir später natürlich noch näher eingehen werden.

Die gute Nachricht: Windows 11 sieht wirklich toll aus. Die Benutzeroberfläche wirkt moderner und ohne die endlich entsorgten Kacheln aufgeräumter. Die schlechte Nachricht: Eines der Highlights, die versprochene Unterstützung von Android-Apps, lässt weiter auf sich warten. Auch die heiß ersehnten Widgets, wie man sie von aktuellen Smartphones

Foto: A9 STUDIO

kennt, funktionieren noch nicht so, wie sie sollen. Aber der Reihe nach. Ungewohnt ist beim ersten Start zunächst die Zentrierung der wichtigsten Bedienelemente in der Mitte. Wer Windows seit vielen Jahren nutzt, sucht den Windows-Startknopf, das Eingabefeld für die Suche und die Liste der installierten Apps fast automatisch auf der linken Seite. Hier muss man sich umorientieren.

Der Windows-Startknopf öffnet nun mittig ein Fenster, das neben einer Suchleiste ganz oben „angepinnte", also vom Nutzer selbst fixierte, und „empfohlene", das heißt häufig genutzte, Apps enthält. Ein Rechtsklick auf den Startknopf fördert wie gehabt ein Kontextmenü zutage, das weiterführende Optionen und interne Links, beispielsweise zu den „Einstellungen", enthält. Der Ein-Aus-Knopf ist nach unten rechts gewandert. Wie bei Windows 10 kann man über die Schaltfläche direkt neben der Windows-Suche mehrere Arbeitsumgebungen, „Desktops" genannt, anlegen. Deren Hintergründe lassen sich nun unabhängig voneinander gestalten – eine Kleinigkeit, die allerdings hilft, die Desktops leichter voneinander zu unterscheiden.

Moderate Fort- und kleine Rückschritte

Richtig interessant wird es beim Klicken auf den Widgets-Button. Mit „Widgets hinzufügen" lassen sich die darin angezeigten Informationen – Wetter, Politik, Sport, Unterhaltung und so weiter – nach den eigenen Interessen anpassen. Leider muss man hier weitgehend den Vorgaben von Microsoft folgen. Von einer echten Auswahl kann man kaum sprechen, zumal auch immer wieder unpassende Meldungen angezeigt werden. Die „Einstellungen", die sich nach wie vor hinter dem Zahnrad-Icon verbergen, sind nun sinnvoller und übersichtlicher angeordnet. Das ist ein Fortschritt, auch wenn es die gute alte Systemsteuerung tatsächlich wieder ins neue Windows geschafft hat.

Aufgeräumt wirkt auch der Datei-Explorer. Kein Wunder, denn die teils überladen wirkenden „Ribbon"-Menüleisten wurden entsorgt. Ob sich damit auf Dauer besser arbeiten lässt, kann man noch nicht abschließend beurteilen. Viele wichtige Funktionen sind nur noch über den Umweg der „Mehr Infos"-Schaltfläche (drei waagrechte Punkte oben rechts in der Menüleiste) oder das mit einem Rechtsklick auf das jeweilige Verzeichnis aufrufbare Kontextmenü zu erreichen. Immerhin lassen sich alternative Dateiverwaltungsprogramme wie „Q-Dir" oder „Total Commander" auch unter Windows 11 problemlos installieren, wenn man sich mit der erzwungenen Übersichtlichkeit so gar nicht anfreunden mag.

Das ist neu bei Windows 11

Windows 11 enthält zahlreiche Funktionen, die Microsoft ursprünglich für Windows 10X und Windows 10 21H2 angedacht hatte. Das sind die wichtigsten Neuerungen:

Neue Optik. Die Oberfläche zeichnet sich vor allem durch abgerundete Ecken, transparente Fenster und schwebende Elemente („Floating Design") aus. So „kleben" Menüs und Hinweisfenster („Flyouts") nicht mehr auf der Taskleiste, sondern erscheinen etwas abgerückt (siehe ► Seite 14).

Wallpaper. Auf den ersten Blick präsentiert sich Windows 11 mit neuen Hintergrundbildern, die der fotografischen Optik von Windows 10 eine künstlerische Finesse entgegensetzen. Das Standard-Bild, das in einer hellen und dunklen Variante verfügbar ist, stellt offenbar einen gefalteten Stoff dar, der die Form einer Rosenblüte nachahmt.

Taskleiste. Die Taskleiste enthält komplett neue Symbole, die erst mal zentriert am unteren Bildschirmrand erscheinen – sie lassen sich aber auch wie gewohnt linksbündig anordnen. Mit dem Update von Windows 11 verliert die Taskleiste jedoch einige Funktionen (siehe unten).

Startmenü. Auch das Startmenü von Windows 11 erscheint nun in der Mitte. Es verzichtet auf die umstrittenen Live-Kacheln und zeigt Apps einfach als Symbole an – wie beim Smartphone. Über die Schaltfläche „Alle Apps" wechseln Sie zur alphabetischen Liste und per Klick ins Suchfeld zur Suche. Darunter erscheinen die jüngst verwendeten Dateien und Programme sowie die gewohnten Abmelde- und Ausschaltfunktionen.

Infocenter. Die Benachrichtigungszentrale und die Schnelleinstellungen von Windows erscheinen nun gesondert. Im Übrigen blendet Windows 11 beim Klick aufs Datum in der Taskleiste auch den Kalender ein. Alle Anzeigen lassen sich separat verkleinern und ausblenden.

Symbole. Windows 11 erhält neue System-Icons, etwa im Windows Explorer.

Kontextmenüs. Aus dem Kontextmenü, das beim Rechtsklick auf ein Objekt erscheint, hat Microsoft selten benutzte Funktionen entfernt und das neue Fensterdesign angewendet. So wirkt alles viel übersichtlicher. Das bisherige vollständige Menü blenden Sie per Befehl „Weitere Optionen anzeigen" ein.

Systemklänge. Nachdem Microsoft den Startsound in Windows 8 und 10 deaktivierte, begrüßt Windows 11 die Nutzerschaft wieder mit einem smarten Klang. Windows 11 erhält ein neues Soundschema mit sanften, gedeckten Klängen.

Snap Layout. Die Funktion verbindet das seit Windows 7 bekannte „Aero Snap" mit „Fancy Zones" aus Microsofts Werkzeugkasten PowerToys. Zeigt man auf das Vergrößerungssymbol eines Fensters, erscheint ein Bildschirmgitter. Per Klick auf den gewünschten Bereich docken Sie das Fenster dort an.

Xbox-App. Microsoft integriert sein Spiele-Abo Game Pass in Windows 11 und nutzt diesen Heimvorteil zum Angriff auf die Konkurrenz.

Microsoft Store. Der Microsoft Store bietet jetzt auch Serien und Filme sowie eine verbesserte Suchfunktion. Er liefert mehr herkömmliche Desktop-Programme, sogenannte Win32-Anwendungen, da Sie diese nicht mehr wie bisher über die Store-App aktualisieren müssen. Im Übrigen verzichtet der Konzern bei Software-Abos künftig auf eine Beteiligung, sodass jetzt beispielsweise Adobes Creative Cloud verfügbar ist. Die wichtigste Neuerung schaffte es nicht in die erste Windows-11-Version, im deutschsprachigen Raum wurde sie immer wieder verschoben: Absehbar sollen sich dank einer Integration des Amazon App Stores auch Android-Apps wie TikTok unter Windows installieren lassen.

Widgets. Windows 11 bringt die schwebenden Mini-Programme zurück. In der Werkseinstellung handelt es sich vor allem um die von Windows 10 bekannte Newsleiste Neuigkeiten und interessante Themen. Weitere Widgets – später wohl auch von Drittanbietern – lassen sich nachrüsten. Die Widgets werden über das entsprechende Symbol in der Taskleiste angezeigt. In der Hardware-Präsentation zeigte Microsoft aber auch, wie sie per Wischgeste vom linken Rand eines Touchscreens eingeblendet werden.

Teams. Microsoft integriert die Kommunikationsplattform Teams in die Windows-11-Taskleiste. Sie löst Skype ab. Ist das Chatprogramm erst mal eingerichtet, reicht künftig ein Klick, um zu chatten oder Videokonferenzen beizuwohnen. Teams unterstützt den Wechsel zwischen privatem und beruflichem Konto.

Einstellungen. Die Einstellungen-App von Windows 11 wurde überarbeitet und erhält ein ständig sichtbares Hauptmenü. Microsoft setzt den Umzug der Systemsteuerung fort, integriert unter anderem die Energie- und die Datenträgerverwaltung.

Windows-Update. Windows 11 zeigt in den Einstellungen an, wie lange es zur Installation verfügbarer Updates braucht. Auch im Startmenü erscheinen entsprechende Hinweise beim Neustart oder Herunterfahren.

Neue Touch-Funktionen. Wer ein Gerät mit Touchscreen besitzt, darf sich über den neuen Tablet-Modus in Windows 11 freuen. Der bleibt endlich beim gewohnten Desktop-

Hinweise zum Sprachgebrauch

Anglizismen sind in der Computerwelt oft unvermeidbar. Teilweise haben sie sich so im Sprachgebrauch durchgesetzt, dass ihre Verwendung unumgänglich wird, auch wenn es ein deutsches Synonym dafür gibt. Ein Beispiel ist die Angewohnheit, statt „Programm" oder „Anwendung" das aus der Mobilfunkwelt entlehnte Wort „App" (die Kurzform des englischen „Application", „Anwendung") zu verwenden. Auch wir verwenden es häufiger in diesem Sinne, weil es kürzer ist und auch Microsoft inzwischen von „Apps" spricht, die man aus dem „Store" herunterladen kann. Ganz ähnlich verhält es sich mit dem englischen Wort „Icon", das synonym für „Symbol" steht, dabei aber betont, dass ein „Programm-Symbol auf der Benutzeroberfläche" gemeint ist, was sichtlich zu lang wäre.

Feeling, vergrößert aber zum Beispiel die Abstände in der Taskleiste, liefert zusätzliche Touch-Gesten und eine verbesserte Bildschirmtastatur. Damit fügen Sie jetzt auch Emojis und GIFs beim Schreiben ein. Gleiches gilt für den sogenannten Emoji-Picker, der bei der Tastenkombi „WIN + ." (Punkt) erscheint.

Fokussitzungen. Mit Windows 11 heißt die App „Alarm und Uhr" nur noch „Uhr" und bekommt eine zusätzliche Funktion namens Fokussitzungen, die konzentriertes Arbeiten am PC erleichtern soll. Sie starten die App „Uhr" und klicken auf „Fokussitzungen". Mit dem Minutenwähler legen Sie einen Zeitraum für Ihre Arbeit fest – Pausen fügt die App automatisch ein. Nach einem Klick auf „Fokussitzung starten" können Sie ungestört arbeiten, Windows verhindert Ablenkungen. Neben Microsoft To Do lässt sich Spotify einbinden.

Snipping Tool. Eine neue App ersetzt das bisherige Screenshot-Programm. Sie ist im Windows-11-Look gehalten und unterstützt das gewählte Windows-Theme. Eine Bildschirmaufnahme erzeugen Sie mit dem Shortcut „WIN + SHIFT + S", der auch das neue Snipping-Menü einblendet. Dort lassen sich weitere Optionen festlegen.

Taschenrechner. Die optischen Verbesserungen des Snipping Tools kommen auch dem Taschenrechner (Calculator) zugute. Die App wurde von Grund auf neu entwickelt und bietet neben den Basisfunktionen einen speziellen Modus für Programmierer, einen Konverter für mehr als 100 Einheiten und Währungen sowie eine Funktion für mathematische Gleichungen.

Edge. Auch Microsofts Browser erhält umfangreiche Anpassungen an das neue Windows-11-Design.

PowerToys. Microsofts geniale Werkzeugsammlung rüstet zehn praktische Windows-Funktionen nach. Welche das sind, lesen Sie im PowerToys-Ratgeber. Unter Windows 11 ist die Software nun erstmals auch im Microsoft Store verfügbar.

Leistungssprung. Microsoft hat versprochen, dass Windows 11 deutlich weniger Systemressourcen benötigt, dadurch leistungsfähiger und sparsamer ist. So sollen der Arbeitsspeicher und der Prozessor geringer belastet werden. Das bedeutet leider nicht automatisch, dass die Systemanforderungen insgesamt geringer geworden sind. Der Konzern hat nämlich einige nicht ganz leicht zu durchschauende Spezifikationen hinzugefügt. In den Kapiteln über den Umstieg auf Windows 11 (siehe ► Seite 23ff) helfen wir Ihnen, diese Klippe sicher zu umschiffen.

Windows 11 – So klappt der Umstieg

Finden Sie die richtige Version von Windows 11 und bereiten Sie Ihren PC auf den Umstieg vor.

Welche Windows-Versionen gibt es?

Wie schon bei Windows 10 gilt: Wenn Sie bereits eine Lizenz für einen der Vorgänger besitzen, wechseln Sie auf ebendiese Edition, also in den meisten Fällen Home oder Pro. „Enterprise" nennt sich die umfassendste Version von Windows 11. Man kann sie aber nicht separat kaufen, sondern nur als Unternehmen mit einem „Volumenlizenzvertrag". Privatnutzer und Inhaber kleinerer Firmen muss das nicht stören, sie finden in „Enterprise" ohnehin nichts, was für sie von Bedeutung wäre.

Windows 11 Home fehlt im Vergleich zur Pro-Version aber doch schon einiges. Dazu gehört etwa die Dateiverschlüsselung, die in der Home-Edition von einer nicht konfigurierbaren Geräteverschlüsselung ersetzt wird. Ein Gruppenrichtlinieneditor fehlt, die Gruppenverwaltung ist stark eingeschränkt. Wer Windows 11 vorwiegend im Netzwerk einsetzen möchte, sollte also zur Pro-Version greifen. Auch auf den Hyper-V-Manager zum Betreiben von virtuellen Maschinen müssen Sie verzichten. Eine „virtuelle Maschine" ist sozusagen ein simulierter Computer auf dem Computer. Interessant ist das für Sie, wenn Sie beispielsweise parallel zu Windows 11 eine ältere Windows-Version laufen lassen wollen – zum Beispiel, um ältere Peripheriegeräte weiter zu nutzen, für die es keine neuen Treiber mehr gibt. Auch für den „Sandbox-Modus" wird Hyper-V gebraucht. Damit werden Anwendungen aus Sicherheitsgründen erst einmal in einem abgeschotteten Bereich gestartet, was folglich nur in der Pro-Version möglich ist.

Besondere Editionen

„Education" ist nur für Bildungseinrichtungen verfügbar, auch hier braucht man einen Volumenlizenzvertrag. Der Funktionsumfang entspricht der „Enterprise"-Edition. Die Version „Education Pro" ist auf für Bildungseinrichtungen vorgesehenen Systemen vorinstalliert und hat dieselben Funktionen wie Windows 11 Pro. Bestimmte Rechner werden im sogenannten S-Modus ausgeliefert. Dort lassen sich aus Sicherheitsgründen keine Programme aus anderen Quellen installieren, man kann den S-Modus aber deaktivieren. Schließlich gibt es auf dem Markt noch „N"-Versionen. Das „Media Feature Pack" ist hier nicht ab Werk aktiviert, sondern muss in den „Einstellungen" unter „Apps/Optionale Features" aktiviert werden. Grund ist eine EU-Verordnung, über die wir an dieser Stelle nicht weiter räsonieren müssen.

Wie komme ich an Windows 11?

Windows 10 wird laut Microsoft noch mindestens bis 2025 mit Updates versorgt. Das mag all jene trösten, die nun feststellen, dass ihr PC nicht mit Windows 11 kompatibel ist. Denn das hängt nicht allein von der Leistung, sondern unter anderem davon ab, welcher Prozessor darin den Takt vorgibt. Faustregel: Nach 2018 gefertigte Chips sind auf der sicheren Seite, bei anderen könnte es schwierig werden. Welche Kriterien sind wichtig? Darüber zerbrechen sich derzeit selbst Experten den Kopf. Unter anderem muss die Hardware das Sicherheitsprotokoll TPM 2.0 unterstützen – und dieses muss auch aktiviert sein. Genau nachlesen lässt sich das alles unter http://microsoft.com/de-de/windows/windows-11-specifications.

Sind alle Voraussetzungen erfüllt, sollte Microsoft automatisch ein Gratis-Update vorschlagen. Das ist der sicherste Weg, zu Windows 11 zu wechseln! Möchten Sie darauf nicht warten, können Sie unter http://microsoft.com/de-de/windows/windows-11#pchealthcheck prüfen, ob Ihr Rechner fit für den Umstieg ist. Fällt das Ergebnis positiv aus und besitzt man eine legale Version von Windows 10, kann man die Installationsdatei unter http://microsoft.com/de-de/software-download selbst herunterladen und direkt loslegen. Dabei gilt wie immer bei tieferen Eingriffen: Man sollte vorher unbedingt alle wichtigen Daten sichern! Lesen Sie dazu das Kapitel „Daten sichern" (siehe ► Seite 33ff).

Voraussetzung für ein Gratis-Update

Microsoft verlangt für ein kostenloses Upgrade ein „aktuelles" Windows 10. Natürlich muss diese Version auch mit einem gültigen Lizenzschlüssel verknüpft sein. Wenn Sie einen PC haben, auf dem Windows 10 installiert ist, müssen Sie im Grunde nur in den Einstellungen unter „Update und Sicherheit" auf „Nach Updates suchen" klicken und so lange Updates installieren, bis Sie die Meldung bekommen „Sie sind auf dem neuesten Stand". Steht Windows 11 bereit, wird Ihnen automatisch ein Hinweis dazu eingeblendet.

Dann müssen Sie noch einmal auf „Herunterladen und installieren" klicken. Alles Weitere über die Installation finden Sie im Kapitel „Windows 11 installieren".

Außerdem brauchen Sie die passende Hardware. Hier legt Microsoft die Latte ein gutes Stück höher als bei Windows 10, sodass nicht jedes Windows-10-System mit Windows 11 zurechtkommt. Dann wird es natürlich auch nichts mit dem kostenlosen Upgrade. Erzwingen sollten Sie das Upgrade auf keinen Fall! Ob Ihre Hardware fit für Windows 11 ist, können Sie mit dem kostenlosen Programm „WhyNotWin11" prüfen.

Lizenz kaufen

Falls Sie eine Lizenz in Form eines Produktschlüssels (License Key) für Windows 7, Windows 8.1 oder Windows 10 besitzen, können Sie damit ein fertig installiertes Windows 11 aktivieren. Microsoft verspricht das explizit aber nur für Windows-10-Lizenzen, nicht für Windows 7 oder 8.1. Nach aktuellem Erkenntnisstand werden Letztere aber auch

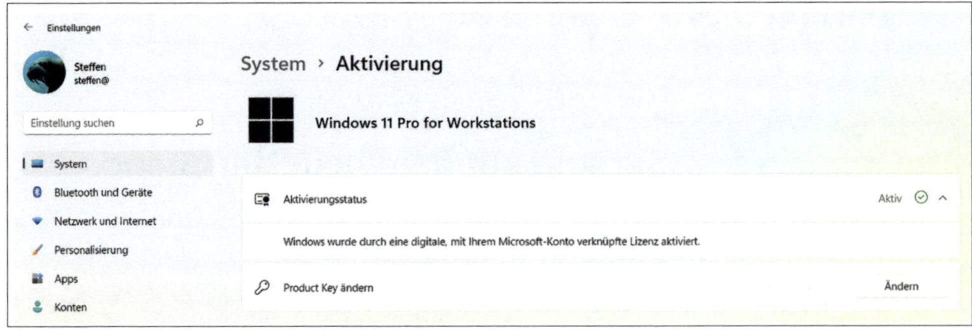

akzeptiert – sofern Sie die oben beschriebenen Voraussetzungen mitbringen. Beim Sprung von Windows 7 zu Windows 11 gibt es allerdings einen Haken. Das Upgrade ist zwar kostenlos, aber nur in Form einer Neuinstallation möglich. Sie müssen also alle Programme neu installieren und ein Back-Up Ihrer Daten durchführen (siehe ► Seite 33ff).

Haben Sie keine Lizenz zur Hand, können Sie sie online oder im Fachhandel kaufen. Hierbei ist allerdings äußerste Vorsicht geboten. Auf Nummer sicher gehen Sie nur, wenn Sie die Lizenz direkt bei Microsoft kaufen. Für Microsoft ist Windows 11 aktuell allerdings in erster Linie ein Argument, neue Systeme zu verkaufen, auf denen das Betriebssystem bereits vorinstalliert ist – seien diese nun von Microsoft selbst oder von einem der „Partner" des Konzerns. Das ist der Grund, warum vor den Kauf einer offiziellen Lizenz drei mehr oder weniger große Hürden gesetzt wurden:

- **Die undurchsichtigen Hardware-Anforderungen.** Siehe dazu die Kapitel „Hardware-Check" (► Seite 39ff) und „Systemvoraussetzungen" (► Seite 39ff).
- **Die offizielle Verkaufsseite für Lizenzen.** Hier muss man Geduld mitbringen. Beim Anklicken von „Windows 11 kaufen" wird man zunächst einmal auf eine Info-Seite zum Gratis-Update geleitet. Das immerhin ist ja durchaus fair. Wer von hier aus weitersucht, stößt aber erst einmal auf jede Menge Hardware-Vorschläge. Der Sinn der Übung ist klar: Ihnen soll suggeriert werden, dass Sie Windows 11 nur zusammen mit einem neuen Gerät kaufen können. Scrollen Sie ganz nach unten, stoßen Sie auf den kleinen Hinweis „Sie wollen Windows 11 auf Ihrem maßgeschneiderten PC?" und noch kleiner darunter: „Holen Sie sich Windows 11".
- **Die Preise.** Für Windows 11 Home verlangt Microsoft 145 Euro, für die Pro-Version 259 Euro. Das ist eine Menge Geld, zumal die Straßenpreise, die man im Internet findet, teilweise drastisch darunter liegen.

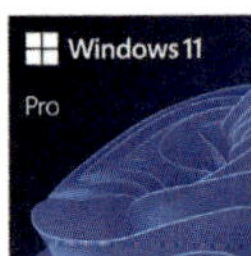

Windows 11 Pro (Download)

Microsoft

♡ Wunschliste

Windows 11 wurde für die Welt der Hybridarbeit entwickelt und hilft Ihnen dabei, einfacher und nahtloser von überall aus zu arbeiten.

- Eine einfache, leistungsstarke UX hilft dabei, die Produktivität und den Fokus zu verbessern.
- Mit neuen Features können Sie den verfügbaren Desktopbereich optimal nutzen.
- App-Kompatibilität und Cloudverwaltung erleichtern die Einführung.
- Ein Zero Trust-fähiges Betriebssystem trägt dazu bei, Daten und den Zugriff zu schützen, unabhängig davon, wo Sie geschäftlich unterwegs sind.

Wenn Ihr System Windows 11 aufgrund von Systemanforderungen nicht installieren konnte, als das kostenlose Upgrade angeboten wurde, können Sie diese Version nicht installieren. Weitere Informationen zu den Systemanforderungen finden Sie unter „https://www.microsoft.com/windows/windows-11-specifications".

259,00 €

In den Warenkorb

Für downloadbare Produkte erhalten Sie nach Abschluss des Einkaufs einen Link, über den Sie das Produkt herunterladen können.

Windows 11 Home (Download)

Microsoft

♡ Wunschliste

Windows 11 ist der zentrale Ort für alles. Mit einem frischen, neuen Aussehen und Tools, die es Ihnen erleichtern, effizient zu sein, verfügt es über das, was Sie für die nächsten Schritte benötigen.

- Weniger Chaos, mehr Ruhe. Mit dem aktualisierten Design von Windows 11 können Sie mühelos die gewünschten Aktionen ausführen.
- Biometrische Anmeldungen**. Verschlüsselte Authentifizierung. Und natürlich erweiterte Antivirenschutzmaßnahmen. Alles, was Sie benötigen, und mehr, um sich vor den neuesten Cyberbedrohungen zu schützen.
- Nutzen Sie Ihren Bildschirmbereich optimal mit Andocklayouts, Desktops und nahtlosem erneuten Andocken.
- Widgets machen es einfach, mit den Inhalten, die Sie lieben, und den Nachrichten, die Ihnen wichtig sind, auf dem neuesten Stand zu bleiben.
- Bleiben Sie mithilfe von Microsoft Teams, das nahtlos in Ihre Taskleiste integriert werden kann, in Kontakt mit Freunden und Familie.*
- Spielen Sie die neuesten Spiele mit Grafiken, die der Realität entsprechen. DirectX 12 Ultimate ist sofort einsatzbereit, um die Leistung Ihrer Hardware zu maximieren.**

Wenn Ihr System Windows 11 aufgrund von Systemanforderungen nicht installieren konnte, als das kostenlose Upgrade angeboten wurde, können Sie diese Version nicht installieren. Weitere Informationen zu den Systemanforderungen finden Sie unter „https://www.microsoft.com/windows/windows-11-specifications".

145,00 €

In den Warenkorb

Für downloadbare Produkte erhalten Sie nach Abschluss des Einkaufs einen Link, über den Sie das Produkt herunterladen können.

Genau hinschauen bei Sonderangeboten!

Wer nicht bereit ist, so viel Geld für das neue Windows auszugeben, muss ganz genau hinschauen. Preise im unteren zweistelligen Bereich können Sie getrost ignorieren: Hier ist höchstwahrscheinlich etwas faul. Doch auch, wenn die Preise im Bereich des Wahrscheinlichen liegen ist es extrem schwierig, seriöse von unseriösen Anbietern zu unterscheiden. Selbst Spezialisten kommen da ins Schleudern. Dass so viele Windows-Lizenzen auf dem Markt sind, liegt daran, dass Microsoft PC-Hersteller und Servicepartner mit Windows-Lizenzen ausstattet, die für die Installation auf Komplett-PCs gedacht sind. Solche Lizenzen gelangen häufig unter dem Kürzel „OEM“ (kurz für „Original Equipment Manufacturer“), „DSP“ („Delivery Service Partner“), „ESD“ („Electronic Software Distribution“) oder „SB“ („System Builder“) auf den freien Markt. Käufer bekommen einen Datenträger in einer schlichten Papierhülle, manchmal auch nur einen Code.

Die Gefahr dabei: Sogenannte Key-Reseller vertreiben auf Ebay & Co. für wenig Geld Schlüssel, die aus befristeten Testversionen stammen oder sogar schon verwendet worden sind. Und selbst wenn anfangs alles klappt: Kommt Microsoft nach erfolgter Online-Überprüfung zu der Erkenntnis, dass es sich um einen gefälschten oder gestohlenen Code handelt, kann dem geprellten Kunden die Lizenz kurzerhand entzogen werden! Für ahnungslose Privatanwender bleibt das zwar juristisch folgenlos. Den Ärger hat man aber so oder so, und das Geld ist auch weg.

Auf Nachfrage räumt der Konzern ein, „dass Microsoft-Software insbesondere im Internet günstiger angeboten wird als im offiziellen Microsoft-Store.“ Das lasse sich dadurch erklären, dass Microsoft Händlern keine Preise für Software vorschreibe. „Ist ein Preis auffällig niedrig, sollten Kunden wachsam sein, denn ein solcher Preis kann ein Indiz für ein illegales Angebot sein“, so Microsoft. Auch beim Kauf von physischen Medien sei Vorsicht geboten. „Noch immer werden gefälschte Datenträger zum Verkauf angeboten, die den originalen Datenträgern zum Teil täuschend ähnlich sehen." Damit solche Fake-Versionen entlarvt werden können, hat Microsoft im Netz Merkmale zusammengestellt, mittels derer man echte und falsche Datenträger unterscheiden kann.

Beim Thema Produktschlüssel weist Microsoft darauf hin, dass diese nicht mit Lizenzen gleichzusetzen seien. Konkret gesagt: Man kann Windows damit aktivieren, ein Nutzungsrecht ist damit aber nicht zwangsläufig verbunden. Der Umstand, dass ein Code funktioniere, sei noch kein Beleg dafür, dass damit auch ein Nutzungsrecht mit übertragen wurde. Microsoft behält sich in solchen Fällen das Recht vor, Produktschlüssel zurückzuweisen. „Gerade weil Kunden im Zweifelsfall beweisen müssen, dass sie zur Nutzung der Software berechtigt sind, sollten sie beim Kauf darauf achten, dass der Verkäufer ihnen alle Informationen und Unterlagen zur Verfügung stellt, aus denen sich der Erwerb und der konkrete Umfang des Nutzungsrechts ergibt", erklärt der Konzern.

Als weitere Vorsichtsmaßnahme sollten Sie nur bei vertrauenswürdigen Software-Händlern kaufen, also solchen, die Ihnen empfohlen wurden oder mit denen Sie selbst schon gute Erfahrungen gemacht haben. Der Firmensitz sollte sich im deutschsprachigen Raum oder in der EU befinden, damit Sie im Ernstfall den Rechtsweg beschreiten können. Ordentlich ausgewiesene Allgemeine Geschäftsbedingungen (AGB) und orthografisch korrekt formulierte Angebote sind Indizien dafür, dass Sie es mit einem seriösen Anbieter zu tun haben. Auch bei Fachhändlern, die nicht nur im Netz, sondern auch im stationären Handel präsent sind, können Sie sich relativ sicher sein, eine gültige Lizenz zu erwerben.

Wie geht es weiter?

Die so genannten „Funktions-Upgrades" wird es auch für Windows 11 geben – laut Microsoft jedes Jahr eines. Sie sind weiterhin kostenlos, die Installation ist aber freiwillig.

Hinweise zum Sprachgebrauch

- **Microsoft Store.** www.microsoft.com/de-at/store
- **Windows Media Creation Tool.** www.microsoft.com/de-de/software-download/windows10
- **Originale und Fälschungen unterscheiden.** www.microsoft.com/de-de/howtotell/Software.aspx?tab=PackagedSoftwareTab
- **Sicher einkaufen.** www.microsoft.com/de-de/aktionen/piraterie/sicheres-einkaufen
- **Illegale Software melden.** https://reporting-emea.bsa.org/r/report/addaspx?src=de&ln=de

Na ja, mehr oder weniger freiwillig. Die Home- und die Pro-Edition werden nämlich jeweils nur zwei Jahre durch Support und Sicherheits-Updates unterstützt, die Enterprise-Edition drei Jahre. Wer danach weiter in diesen Genuss kommen will (was dringend zu empfehlen ist), muss die Upgrades installieren.

Noch vor der Installation: Daten sichern

Ein Back-Up beugt schmerzlichem Datenverlust vor, der durch Hardwaredefekte, Virenbefall, Umwelteinflüsse oder einfach Unachtsamkeit entstehen kann. Aber zunächst ist so eine vorbeugende Maßnahme vor allem eines: lästig. Deshalb lassen es viele gleich ganz. Ein Wechsel – sei es nun ein Wechsel von PC zu PC oder ein Upgrade des Betriebssystems – ist ein ausgezeichneter Anlass, das nachzuholen. Denn dann sind Sie nicht nur vor einem eventuellen Verlust Ihrer Einstellungen und Daten geschützt, sondern haben auch dann, wenn alles glattgeht, ein aktuelles Back-Up.

Bei älteren Windows-Versionen finden Sie die Back-Up-Funktionen in der Systemsteuerung im Bereich „System und Sicherheit". Dort können Sie mit „Sicherung des Computers erstellen" ein Back-Up anstoßen. Externe Back-Up-Programme sind aber oft etwas nutzerfreundlicher und übersichtlicher. Besitzen Sie bereits eines, mit dem Sie zurechtkommen, dann benutzen Sie das. Ansonsten besorgen Sie sich „AOMEI Backupper" (www.aomei.de/backup-software). Die Standard-Version ist kostenlos und reicht für die Grundbedürfnisse vollkommen aus. Bei Bedarf können Sie jederzeit für einmalig rund 45 Euro auf eine Pro-Version upgraden. Ein Abo gibt es dankenswerterweise nicht.

Die deutschsprachige Software ist sehr vielseitig. Doch wir konzentrieren uns wie versprochen auf eine Sache, nämlich einen Ordner in einem Cloud-Speicher zu sichern. Das hat den Vorteil, dass Sie Ihre Dateien sogar bei Verlust des ganzen PC wiederherstellen können. Als Speicher nutze ich Microsofts OneDrive. 5 GB Speicherplatz können Sie gratis mit Ihrem Microsoft-Konto beanspruchen, mit dem Sie sich auch bei Windows anmelden. Am besten, Sie laden sich den PC-Client unter https://www.microsoft.com/de-de/microsoft-365/onedrive/download herunter. Dann wird OneDrive als Ordner in Ihr Dateiverzeichnis integriert. Sie können aber auch einen anderen Dienst, eine externe Festplatte oder einen Speicherstick benutzen.

Gehen Sie im AOMEI Backupper auf „Backup" und „Dateisicherung". Wählen Sie im ersten Schritt den zu sichernden Ordner, im zweiten ein Ziel – in unserem Fall den OneDrive-Ordner – und folgen Sie den weiteren Anweisungen. Erstellen Sie im Verlauf der Sicherung ein OneDrive-Verzeichnis, das Sie beispielsweise „Backup 2022" nennen. Unter „Übersicht" sollte danach die vorgenommene Sicherung zu finden sein. Klicken Sie auf die drei horizontalen Balken rechts neben dem Eintrag und dann auf „Geplante Sicherung". Hier legen Sie fest, wie oft und wann die Sicherung automatisch aktualisiert werden soll. Nehmen wir nun den Fall, dass Sie das Back-Up von einem anderen PC aus wiederherstellen wollen. Installieren Sie auch dort den AOMEI Backupper. Gehen Sie auf

Daten auf Nummer sicher

Mit Back-Up-Programmen lassen sich auch Datenträger beschreiben. Diese bieten sich für besonders wichtige und sensible Daten an. Falls Ihr PC keinen Brenner hat: Externe DVD-Laufwerke mit Brennfunktion wie etwa das Asus ZenDrive U7M, das auch mit MacBooks funktioniert, bekommt man schon ab etwa 40 Euro. Sie möchten ganz auf Nummer sicher gehen? Dann nehmen Sie ein Modell, das den Standard M-Disc unterstützt. Die Rohlinge kosten zwar etwas mehr als normale Datendiscs, dafür bleiben sie aber auch 1.000 (!) Jahre lesbar. Wichtig außerdem: Ein Back-Up bietet nur dann Sicherheit, wenn die Daten hinterher mindestens zweimal, besser dreimal und an unterschiedlichen Orten vorhanden sind. Denken Sie auch an eine Beschriftung der Dateien wie des Datenträgers. Wenn Sie Ihre Dateien im Ernstfall nicht wiederfinden, war der ganze Aufwand nämlich umsonst.

„Wiederherstellen", „Image-Datei wählen" und geben den Pfad zu Ihrem OneDrive-Cloud-Speicher oder dem alternativ gewählten Datenträger an. Danach wählen Sie ein Zielverzeichnis, in dem Ihre Daten wiederhergestellt werden sollen.

Wenn es schnell gehen soll

Ein Back-Up ist Ihnen zu mühsam, Sie möchten einfach Microsofts Upgrade-Einladung annehmen und kurz und schmerzlos zu Windows 11 wechseln? Tun Sie das, aber speichern Sie vorher wenigstens Ihre allerwichtigsten Daten! Benutzen Sie dafür einen Cloud-Speicher wie OneDrive (siehe ► Seite 165ff) oder Google Drive (siehe ► Seite 126ff), einen USB-Stick oder eine externe Festplatte. Als unwiederbringlich erweisen sich meist Office-Dokumente mit aktuellen, noch nicht gesicherten Arbeiten sowie Foto-Archive.

Auch das lässt sich schnell in einen Cloud-Speicher auslagern. Haben Sie zum Beispiel einen Amazon-Account, laden Sie sich dafür die App „Amazon Photos" (www.amazon.de/photos) herunter. Mit hoher Wahrscheinlichkeit hält auch Ihr persönlicher Internetprovider Webspace, also Speicherplatz auf einem Server, bereit. Wenn alle Stricke reißen und Sie Windows nach einem missglückten Update komplett neu installieren müssen (was ja schon ärgerlich genug ist), haben Sie zumindest Ihre unersetzlichen Dateien gerettet.

Die Installation

Was Sie tun können, damit beim Installieren alles glattläuft.

Hardware-Check

Nicht alle Geräte, die mit Windows 10 laufen, funktionieren auch automatisch mit Windows 11.

Der einfachste Weg zu Windows 11: Sie kaufen einen neuen Rechner, auf dem das Betriebssystem bereits vorinstalliert ist. Das sollte aber nicht das einzige Kaufargument sein, schließlich kann man auch PCs mit vorinstalliertem Windows 7, 8.1 oder 10 upgraden. Dann aber sollten Sie sich vom Händler garantieren lassen, dass die Neuerwerbung Windows-11-tauglich ist.

Systemvoraussetzungen

Viele Nutzerinnen und Nutzer fragen sich: Wird Windows 11 auch auf meinem PC laufen? Zu dieser Frage gibt es widersprüchliche Aussagen. Zum einen soll das neue Betriebssystem auf allen Rechnern funktionsfähig sein, die auch mit Windows 10 zurechtkommen. Microsoft selbst spricht von einem zweikernigen 64-Bit-Prozessor mit einer Taktfrequenz von 1 GHz. Das Upgrade ist zudem kostenlos – sofern man eine legale Lizenz besitzt. Natürlich wird es auch Geräte zu kaufen geben, auf denen Windows 11 vorinstalliert ist. Hier wurde die Liste der offiziell unterstützten Prozessoren deutlich verkleinert. Intel-CPUs werden ab der Baureihe Core i-8000 (Coffee Lake) aus dem Jahr 2017 unterstützt. Bei AMD-Prozessoren muss es mindestens ein Ryzen 2000 von 2018 sein. Das ist nur scheinbar ein Widerspruch zu den kommunizierten Werten. Denn hier geht es ausschließlich um neue Rechner, auf denen das offizielle Windows-11-Logo kleben darf.

Unter der Adresse www.microsoft.com/de-de/windows/windows-11 finden Sie, wenn Sie ganz nach unten scrollen, eine Gratis-App, mit der sich nach dem Download überprüfen lässt, ob Ihr System Windows-11-kompatibel ist. Fällt der Test negativ aus, ist das kein Grund zum Verzweifeln. Eventuell fehlen einfach nur einige Sicherheitseinstellungen. Der Hintergrund: Microsoft hat die Sicherheitsrichtlinien verschärft. Ein Stolperstein ist das „UEFI Secure Boot" beim Starten des Rechners. Dieses ist auf manchen PCs nicht aktiviert. Um das zu überprüfen, gibt man „msinfo32" in das Windows-Suchfeld in der Taskleiste ein und bestätigt mit der Eingabe-Taste. Als „BIOS-Modus" sollte in den nun angezeigten Systeminformationen „UEFI" eingetragen und der „Sichere Startzustand" auf „Ein" gestellt sein. Ist das nicht der Fall, ist der Test negativ, selbst wenn die Hardware eigentlich leistungsstark genug ist. Das Umstellen dieser Werte sollte man von jemandem erledigen lassen, der sich damit auskennt, da sonst die Stabilität des PC gefährdet sein könnte.

Welche Windows-Version ist installiert?

Besitzen Sie einen PC, sind sich aber nicht sicher, welche Version installiert ist, gehen Sie folgendermaßen vor: Geben Sie in das Windows-Suchfeld unten links, direkt neben dem Windows-Button, den Befehl „winver" ein und bestätigen Sie mit der Eingabetaste. Alternativ können Sie den „Ausführen"-Dialog auch über die Tastenkombination „Windows + R" aufrufen.

Wie findet man heraus, welche Hardware in einem System verbaut ist?

Geben Sie den Befehl „msinfo32" in das Windows-Suchfeld ein, um eine genaue Auflistung aller verbauten Hardware-Komponenten zu erhalten.

Was bedeutet „Windows-11-tauglich“?

Windows 11 stellt bestimmte Mindestanforderungen an die Hardware. Konkret sind das: eine 64-Bit-CPU mit zwei Kernen und 1 GHz Taktfrequenz, 4 GByte RAM Arbeitsspeicher und 64 GByte freier Speicherplatz auf der Festplatte. Das angeschlossene bzw. – etwa bei einem Laptop – verbaute Display muss zudem mindestens eine Auflösung von 1.280 x 720 Pixel haben.

Es gibt allerdings noch weitere Anforderungen, die unter Umständen etwas schwieriger zu erfüllen sind, wie etwa Secure Boot oder TPM 2.0. Obendrein muss die CPU, also der Hauptprozessor und damit sozusagen das Herz des Rechners, das ihm den Takt vorgibt, kompatibel mit Windows 11 sein. Tatsächlich ist das ein Problem sehr vieler PCs. Sie

Windows 11 – minimale Systemanforderungen

- **Prozessor.** 1 Gigahertz (GHz) oder schneller mit 2 oder mehr Kernen auf einem kompatiblen 64-Bit-Prozessor oder SoC (System on a Chip)
- **Arbeitsspeicher.** 4 GB RAM
- **Speicher.** 64 GB oder größeres Speichergerät
- **Grafikkarte.** DirectX 12-kompatible Grafikkarte/WDDM 2.0.
- **Display.** > 9 Zoll mit HD-Auflösung (720 p), 8 Bit pro Farbkanal
- **Internetverbindung.** Für die Einrichtung von Windows 11 Home sind ein Microsoft-Konto und eine Internetverbindung erforderlich.
- **UEFI.** Muss für den sicheren Start aktiviert sein
- **TPM.** Trusted Platform Module (TPM) Version 2.0
- **Betriebssystem.** Windows 10 (Version 2004 oder höher) ist für das Upgrade erforderlich.

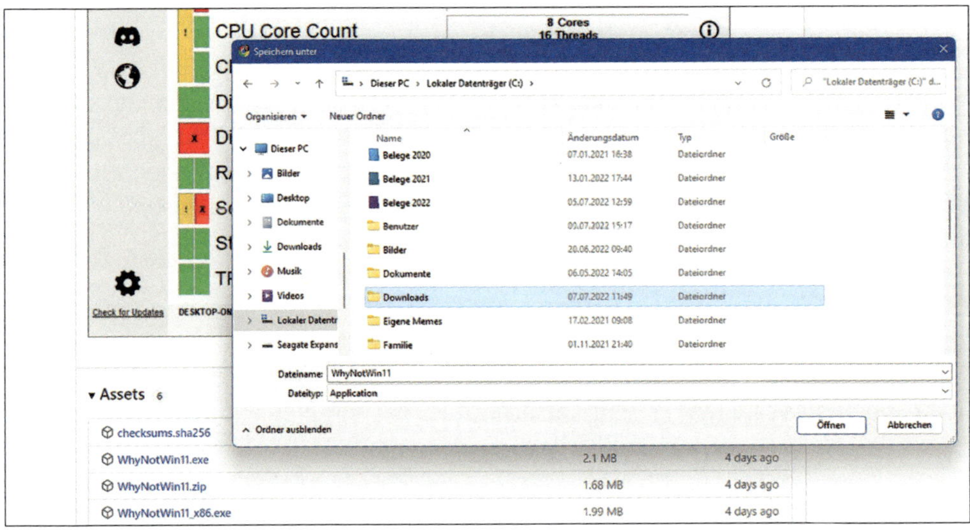

können nun im Internet eine Liste mit kompatiblen Prozessoren suchen und mit dem ihren vergleichen. Das wäre allerdings etwas mühselig und auch unsicher, da sich dabei natürlich auch Fehler einschleichen können. (Und wer kennt sich tatsächlich noch richtig aus mit den unzähligen unterschiedlichen Chips und Chip-Versionen?)

Eine gute Hilfe ist da das Gratis-Tool „WhyNotWin11". Laden Sie auf der Webseite https://github.com/rcmaehl/WhyNotWin11/releases die Datei „whynotwin11.exe" herunter und starten Sie das Programm mit einem Doppelklick.

Sollte Windows die Ausführung verhindern, weil es sich um ein „unbekanntes Programm" handelt, können Sie es mit „Trotzdem ausführen" getrost starten. In der kurz darauf angezeigten Liste werden problematische Komponenten rot angezeigt. Sind in der

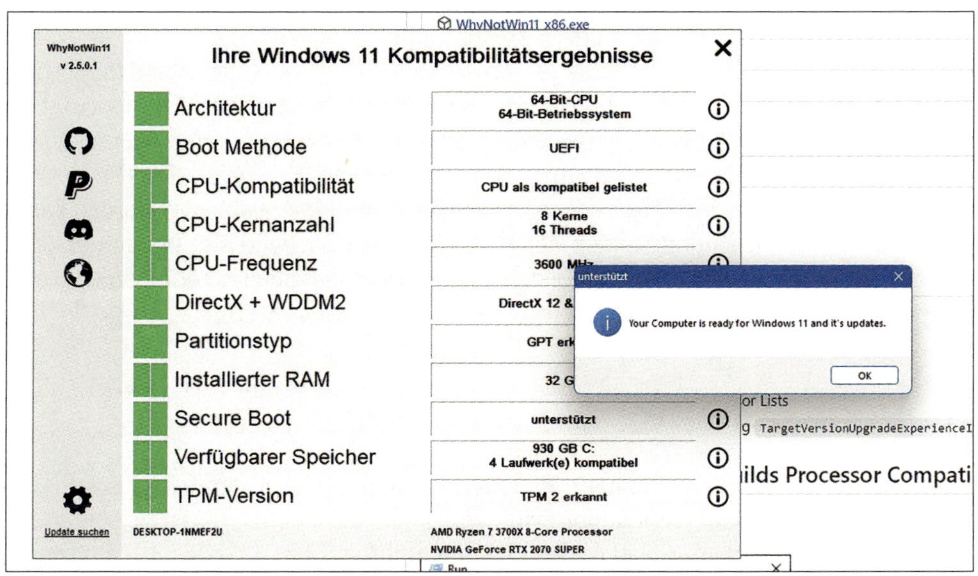

Liste nur grüne Einträge, wird Ihnen kurz darauf bestätigt, dass Ihr PC Windows-11-kompatibel ist.

Was ist ein Trusted Platform Module?

Ein TPM-Chip ist ein Kryptografieprozessor, der so beschaffen ist, dass er von Schadsoftware nicht manipuliert werden kann. Er soll der Sicherheit des PC vor Angriffen dienen und ist typischerweise in das Mainboard, also die Hauptplatine des PC, integriert. Besitzen Sie einen PC mit einem Prozessor, der nicht älter als etwa zwei bis vier Jahre ist, kann es sein, dass der TPM-Chip über das BIOS aktiviert werden muss. Falls Sie zu der Überzeugung kommen, dass Ihr PC eigentlich aktuell genug sein müsste und möglicherweise nur TPM nicht aktiviert ist, lassen Sie das einen Experten machen. Das bedeutet im Grunde keinen großen Aufwand, setzt aber ein gewisses Know-how voraus. Wenn Sie sich diesen Schritt selbst zutrauen, schauen Sie auf den Seiten des Herstellers Ihres Prozessors (Intel oder AMD) nach, wie TPM bei Ihrem speziellen Chip-Modell aktiviert werden kann. Unter bestimmten Umständen kann ein TPM-Chip auch nachgerüstet werden. Hierfür sollten Sie sich aber auf jeden Fall an einen Experten wenden und sich gut überlegen, ob Ihr PC den Aufwand tatsächlich noch wert ist.

Upgrade von älteren Systemen

Je älter die auf Ihrem PC installierte Windows-Version ist, desto größer ist das Risiko, dass Windows 11 darauf nicht laufen wird. Wollen Sie es dennoch riskieren, sollten Sie auf jeden Fall eine vorherige Datensicherung durchführen (siehe ► Seite 33ff). Prinzipiell können Sie auch von Windows 7 oder Windows 8.1 auf Windows 11 upgraden. Besitzen Sie eine Lizenz für Windows 7 oder 8.1, können Sie damit in vielen Fällen Windows 10 und 11 kostenlos freischalten. Eine Garantie dafür gibt es allerdings nicht, denn eigentlich ist die Frist für ein Gratis-Upgrade längst abgelaufen.

Ist auf Ihrem PC eine ältere Windows-Version installiert, gehen Sie in den Windows-Einstellungen in den Bereich „Update" und installieren Sie mit Hilfe der Schaltfläche „Nach Updates suchen" nach und nach alle verfügbaren Updates. Gehen Sie dann auf die Seite https://www.microsoft.com/de-de/software-download/windows10 und folgen Sie den dort angezeigten Anweisungen. Dort können Sie auch das „Media Creation Tool" herunterladen, wenn Sie eine Neuinstallation auf einem PC durchführen wollen, auf dem

Windows noch nicht installiert ist. Damit können Sie eine Installationsdatei auf einen externen Datenträger herunterladen und Windows 10 neu installieren.

Nach erfolgreicher Installation können Sie falls nötig Windows 10 mit einem Lizenz-Schlüssel für Windows 7, 8.1 und natürlich auch Windows 10 aktivieren. Führen Sie dann so lange Windows-Updates durch, wie diese durch „Nach Updates suchen" gefunden werden. Der Weg zu Windows 11 führt nun über die von Microsoft bereitgestellte „App zur PC-Integritätsprüfung". Diese wird auf PCs mit Windows 10 via Update inzwischen automatisch installiert. Damit sollte sie nach Ihren Updates auch auf Ihrem PC vorhanden sein. Ist der PC Windows-11-kompatibel, wird Ihnen das Upgrade früher oder später automatisch vorgeschlagen und Sie können direkt zum nächsten Abschnitt übergehen.

Um es noch einmal klar zu sagen: Ob das alles tatsächlich klappt, hängt von vielen Faktoren ab und kann Ihnen daher von niemandem garantiert werden. Ob Sie tatsächlich einen Anspruch auf ein Windows-11-Upgrade haben, hängt nicht zuletzt mit der Geschäftspolitik von Microsoft zusammen, die sich jederzeit ändern kann. Nach aktuellem Stand ist das Upgrade von Windows 10 auf 11 aber mit großer Wahrscheinlichkeit gratis und unter den oben beschriebenen Voraussetzungen auch möglich. Ein gültiger Windows-11-Lizenzschlüssel berechtigt natürlich zur Installation von Windows 11. Damit ist selbstverständlich aber nicht gesagt, dass das aktuelle Betriebssystem von Microsoft auf Ihrem PC auch läuft. Das ist nur dann garantiert, wenn Sie einen neuen Rechner zusammen mit einer Windows-11-Lizenz kaufen.

Windows 11 neu installieren

Haben Sie eine Windows-11-Lizenz erworben (siehe ► Seite 25ff) und wollen sie auf einem neuen PC oder einer neuen oder frisch formatierten Festplatte installieren, können

Sie unter https://www.microsoft.com/de-de/software-download/windows11 eine Installationsdatei (ISO-Datei) herunterladen. Diese müssen Sie auf einen externen Datenträger, also eine DVD, einen USB-Stick oder eine virtuellen Maschine (.ISO-Datei) kopieren. Die genaue Anleitung zum jeweiligen Vorgehen finden Sie auf der genannten Seite.

Installation per Set-up-Stick oder DVD

Die Installationsdatei. Halten Sie einen USB-Speicherstick mit mindestens 8 GB Speicherplatz bereit. Alternativ legen Sie einen leeren DVD-Rohling in ein DVD-Brenner-Laufwerk ein. Alle darauf enthaltenen Daten werden unwiderruflich gelöscht! Klicken Sie auf der oben genannten Seite unter „Erstellen von Installationsmedien für Windows 11" auf „Jetzt herunterladen". Laden Sie die Datei „MediaCreationToolW11.exe" auf Ihre Festplatte herunter und starten Sie sie. Akzeptieren Sie die Lizenzbedingungen und wählen Sie bei „Sprache und Edition auswählen" die Sprache Ihrer Wahl aus. Die Edition können Sie hier noch nicht ändern, das geht erst nach der Installation. Nun wählen Sie aus, ob Sie einen USB-Stick benutzen oder ein ISO-Abbild erzeugen wollen. Auch eine externe Speicherplatte ist möglich, allerdings kommt es hier bisweilen zu Kompatibilitätsproblemen. Schließen Sie Ihren Installationsdatenträger an und starten Sie das Set-up-Programm durch Doppelklick auf die exe-Datei oder schalten Sie Ihren Rechner mit angeschlossenem Datenträger an, um ihn von dort zu booten (hochzufahren).

Der Lizenz- bzw. Installationsschlüssel. Als Nächstes brauchen Sie einen Lizenzschlüssel für Home, Home N oder Pro. Besitzen Sie einen PC, auf dem ab Werk Windows 8, 8.1 oder 10 vorinstalliert war, sollte der Lizenzschlüssel auf dem Mainboard gespeichert sein. Das Windows-11-Set-up-Programm sucht automatisch danach, sodass Sie nichts weiter tun müssen. War auf dem PC dieselbe Version (also Home oder Pro) von Windows 10 installiert, reicht eine aktive Internetverbindung, um den Lizenzschlüssel, der nun auch für Windows 11 gilt, von den Microsoft-Servern abzurufen. Denn dort wurde er bei der ersten Aktivierung von Windows 10 und der Verknüpfung Ihrer Hardware mit der Windows-Lizenz gespeichert. Trifft all das nicht zu, wird das Set-up-Programm Ihren Lizenzschlüssel abfragen. Ob er für Windows 7, 8, 8.1, 10 oder 11 erworben wurde, spielt keine Rolle. Sie können die Eingabe des Installationsschlüssels auch überspringen, indem Sie auf „Ich habe keinen Product Key" klicken. Das bietet sich beispielsweise an, wenn Ihr PC noch über keine Internetverbindung verfügt oder Sie einen Schlüssel erst später erwerben wollen.

- Wählen Sie nun die Windows-Edition, für die Sie einen Lizenzschlüssel besitzen oder für die Sie einen solchen erwerben wollen.
- Wählen Sie als Installationsart „Benutzerdefiniert".
- Sie müssen nun den Festplattenbereich („Partition") angeben, auf der Windows installiert werden soll. Sofern sich auf der Festplatte nichts befindet, was Sie noch brauchen, löschen Sie alle vorhandenen Partitionen und installieren Sie Windows 11 auf dem „Nicht zugewiesenen Speicherplatz".
- Klicken Sie sich nach den bei der Installation erfolgten Neustarts durch diverse Abfragen wie der nach der Region, der Zeitzone und dem von Ihnen gewünschten Namen des PC.
- Als Nächstes müssen Sie die Anmeldedaten Ihres vorhandenen Microsoft-Kontos angeben oder ein neues erstellen (siehe ► Seite 49).

Upgrade auf Nummer sicher

Läuft auf Ihrem Rechner Windows 10 – sei es, weil Sie eine ältere Version wie etwa Windows 8 über Upgrades auf diesen Stand gebracht oder die Vorgängerversion von Windows 10 neu aufgespielt haben –, dann warten Sie darauf, dass Ihnen Windows selbst den Wechsel vorschlägt. Selbst anstoßen können Sie das, indem Sie in „Einstellungen" (Windows-Taste + I) unter „Windows Update" auf „Nach Updates suchen" klicken. Alle anderen Wege sind mit Unwägbarkeiten behaftet, da selbst Experten über die verlangten Hardware-Spezifikationen ins Grübeln geraten.

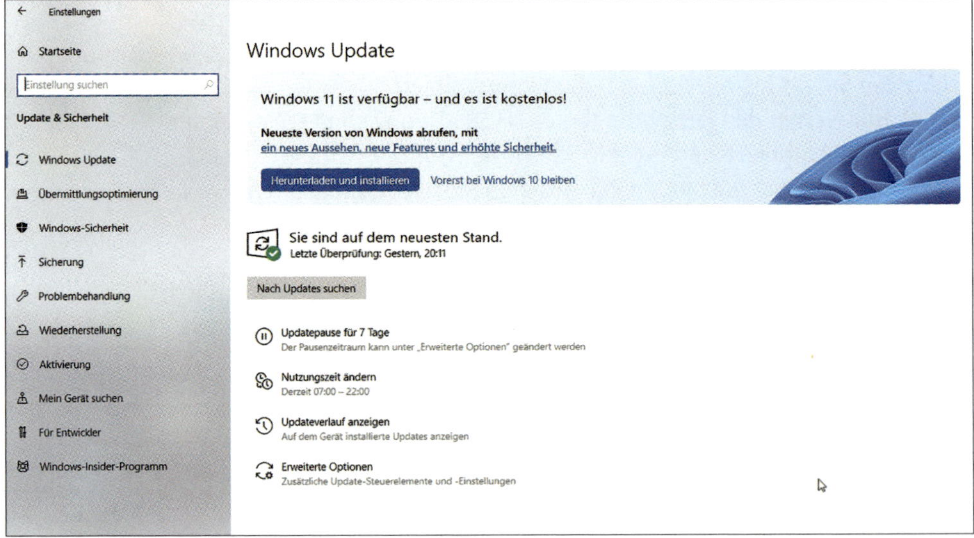

Erscheint im „Windows Update"-Bereich dagegen der Vorschlag, zu Windows 11 zu wechseln, können Sie relativ sicher sein, dass der Wechsel funktioniert. Dann müssen Sie im Grunde nur auf „Herunterladen und Installieren" klicken und den weiteren Anweisungen folgen.

Braucht man ein Microsoft-Konto?

Seit Windows 8 ist die Anmeldung über ein Microsoft-Konto (ehemals „WindowsLive-ID") praktisch obligatorisch. Das bietet Ihnen eine ganze Reihe von Vorteilen. Sie können direkt auf den Online-Speicher OneDrive (siehe dazu Kapitel „OneDrive", ► Seite 165ff) zugreifen, die damit verbundenen Apps Kalender, Mail und Kontakte nutzen, neue Software aus dem Windows-Store laden und Einstellungen über mehrere Computer hinweg synchronisieren. Die Bequemlichkeit hat allerdings ihren Preis. Der Windows-Hersteller bekommt so einen Überblick über Ihre Aktivitäten – ein großer Schritt hin zum gläsernen Nutzer. Das gilt selbst dann, wenn Sie unseren Tipps zum Datenschutz folgen, die Sie ab ► Seite 65ff finden.
Wer das nicht in Kauf nehmen möchte oder Microsofts Online-Dienste ohnehin nur sporadisch nutzt, kommt aber auch ohne Microsoft-Konto aus. Wenn Sie sich für diesen Weg entscheiden, können Sie weiter ein „lokales Benutzerkonto" verwenden und sich damit von den Microsoft-Servern abnabeln. Wollen Sie das bereits bei der Installation erledigen, müssen Sie etwas tricksen. Sie können z.B. Ihre Verbindung zum Internet kappen (das Ethernet-Kabel ziehen oder WLAN deaktivieren), bevor Sie sich zum ersten Mal anmelden. Alternativ klicken Sie im Anmeldebildschirm, in dem Sie aufgefordert werden, Ihre Kontodaten einzugeben oder ein neues Konto zu erstellen, stattdessen unten links auf „Diesen Schritt überspringen". Danach können Sie sich wie gewohnt mit Namen und (falls gewünscht) Passwort anmelden. Lassen Sie das Feld für das Passwort leer, wird es beim nächsten Login auch nicht mehr abgefragt.

- Im ersten Schritt werden Sie aufgefordert, die Software-Lizenzbedingungen zu akzeptieren (siehe unten).
- Es folgen nacheinander die Schritte „Herunterladen" und „Installation", während derer Sie den PC nicht ausschalten dürfen (siehe ► Seite 51).
- Danach müssen Sie den PC neu starten (siehe ► Seite 52).
- Hat bis hierher alles geklappt, müssen Sie einige Fragen nach Region, Zeitzone, Tastaturlayout (europäisch oder amerikanisch) und so weiter beantworten. All das können Sie auch nachher noch ändern, und zwar in „Einstellungen" unter „Zeit und Sprache".
- Auch die Datenschutzeinstellungen werden nun abgefragt. Auch sie lassen sich später ändern, wie im Kapitel „Datenschutzeinstellungen ändern" (siehe ► Seite 65ff) beschrieben. Wählen Sie während der Installation immer die unterste der angebotenen Optionen, machen Sie aber nichts falsch.
- Wechseln Sie nach erfolgreichem Upgrade wieder in „Einstellungen" und zu „Windows-Update", um nach und nach alle Windows-11-Updates einzuspielen, die seit dem Start von Windows 11 erschienen sind (siehe ► Seite 52).

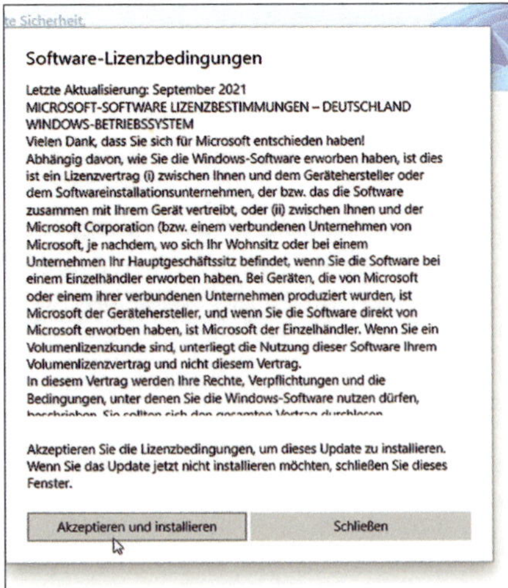

Ja, all das ist ein etwas mühsamer Prozess, der Sie unter Umständen zwei Stunden Zeit kosten kann. Ein völlig reibungsloser Wechsel ist aber auch unter Idealbedingungen nicht garantiert. Auf jeden Fall sollten Sie daher wie oben beschrieben Ihre Daten sichern, ein Back-up anlegen und die im Kapitel „Troubleshooting" (siehe ► Seite 75ff) weiterführenden Tipps beherzigen.

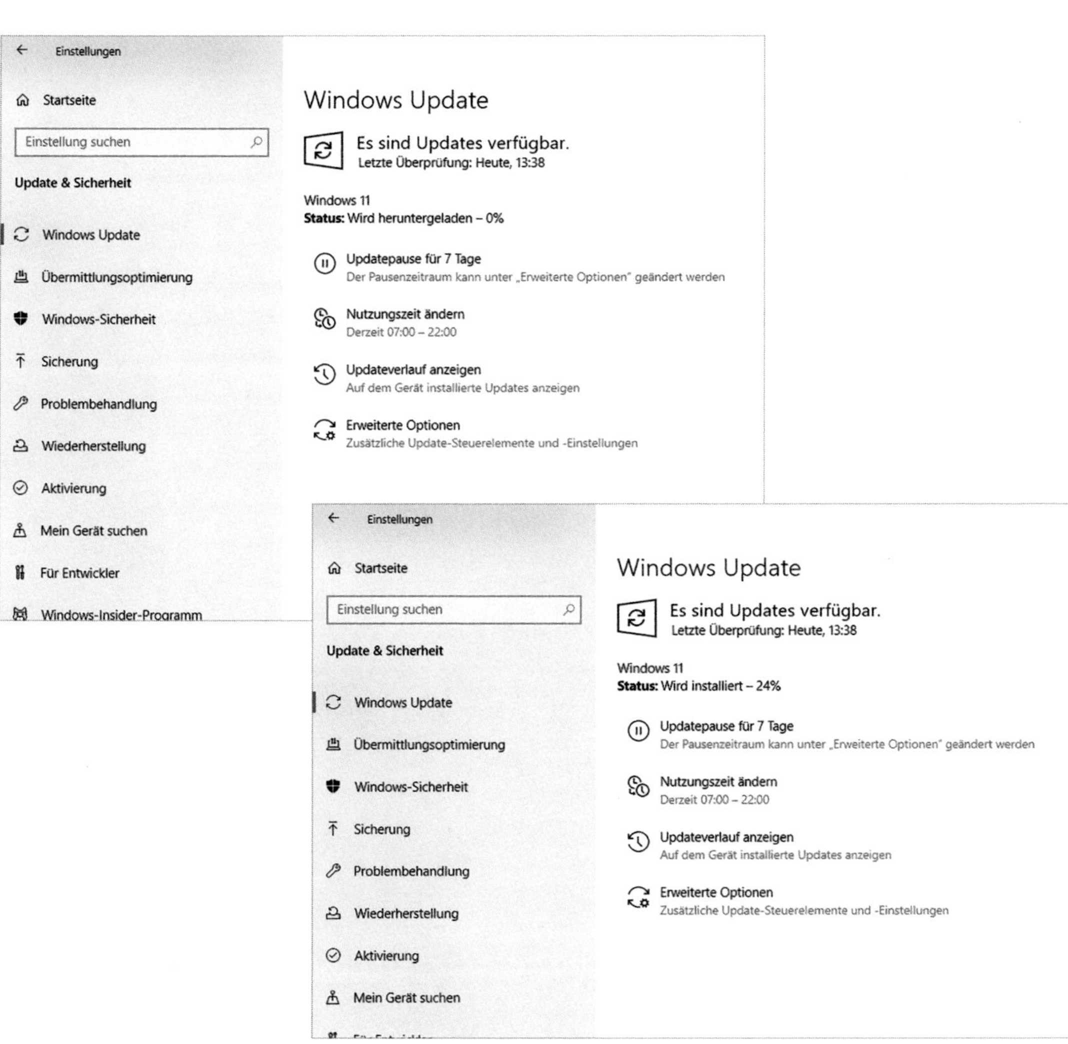

Einstellungen
Startseite
Einstellung suchen
Update & Sicherheit
Windows Update
Übermittlungsoptimierung
Windows-Sicherheit
Sicherung
Problembehandlung
Wiederherstellung
Aktivierung
Mein Gerät suchen
Für Entwickler
Windows-Insider-Programm
Windows Update
Es sind Updates verfügbar.
Letzte Überprüfung: Heute, 13:38
Windows 11
Status: Wird heruntergeladen – 0%
Updatepause für 7 Tage
Der Pausenzeitraum kann unter „Erweiterte Optionen" geändert werden
Nutzungszeit ändern
Derzeit 07:00 – 22:00
Updateverlauf anzeigen
Auf dem Gerät installierte Updates anzeigen
Erweiterte Optionen
Zusätzliche Update-Steuerelemente und -Einstellungen
Einstellungen
Startseite
Einstellung suchen
Update & Sicherheit
Windows Update
Übermittlungsoptimierung
Windows-Sicherheit
Sicherung
Problembehandlung
Wiederherstellung
Aktivierung
Mein Gerät suchen
Windows Update
Es sind Updates verfügbar.
Letzte Überprüfung: Heute, 13:38
Windows 11
Status: Wird installiert – 24%
Updatepause für 7 Tage
Der Pausenzeitraum kann unter „Erweiterte Optionen" geändert werden
Nutzungszeit ändern
Derzeit 07:00 – 22:00
Updateverlauf anzeigen
Auf dem Gerät installierte Updates anzeigen
Erweiterte Optionen
Zusätzliche Update-Steuerelemente und -Einstellungen

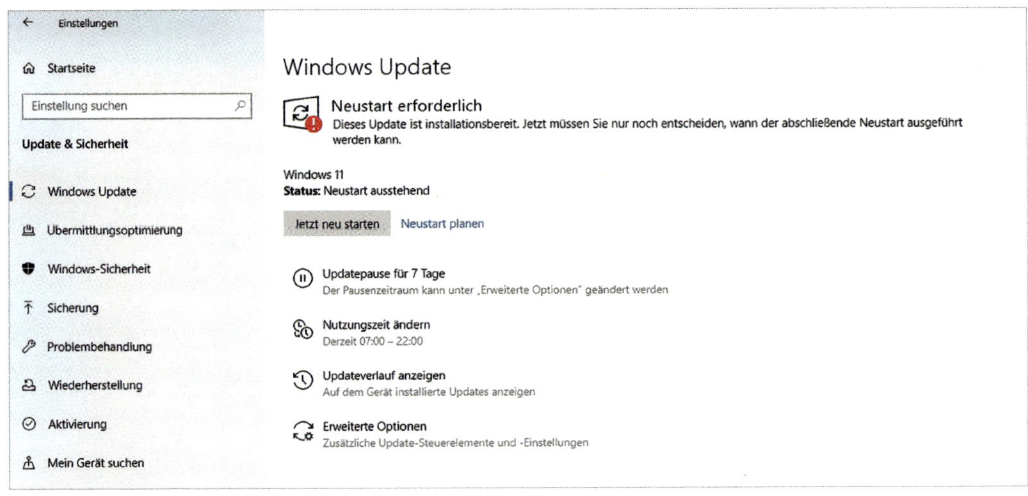
Einstellungen
Startseite
Einstellung suchen
Update & Sicherheit
Windows Update
Übermittlungsoptimierung
Windows-Sicherheit
Sicherung
Problembehandlung
Wiederherstellung
Aktivierung
Mein Gerät suchen
Windows Update
Neustart erforderlich
Dieses Update ist installationsbereit. Jetzt müssen Sie nur noch entscheiden, wann der abschließende Neustart ausgeführt werden kann.
Windows 11
Status: Neustart ausstehend
Jetzt neu starten
Neustart planen
Updatepause für 7 Tage
Der Pausenzeitraum kann unter „Erweiterte Optionen" geändert werden
Nutzungszeit ändern
Derzeit 07:00 – 22:00
Updateverlauf anzeigen
Auf dem Gerät installierte Updates anzeigen
Erweiterte Optionen
Zusätzliche Update-Steuerelemente und -Einstellungen

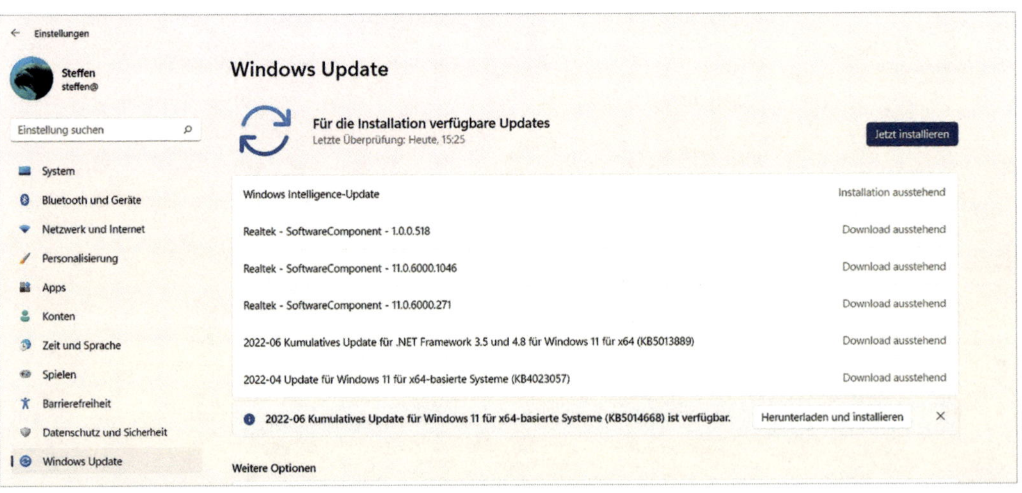
Einstellungen
Steffen
steffen@
Einstellung suchen
System
Bluetooth und Geräte
Netzwerk und Internet
Personalisierung
Apps
Konten
Zeit und Sprache
Spielen
Barrierefreiheit
Datenschutz und Sicherheit
Windows Update
Windows Update
Für die Installation verfügbare Updates
Letzte Überprüfung: Heute, 15:25
Jetzt installieren
Windows Intelligence-Update
Installation ausstehend
Realtek - SoftwareComponent - 1.0.0.518
Download ausstehend
Realtek - SoftwareComponent - 11.0.6000.1046
Download ausstehend
Realtek - SoftwareComponent - 11.0.6000.271
Download ausstehend
2022-06 Kumulatives Update für .NET Framework 3.5 und 4.8 für Windows 11 für x64 (KB5013889)
Download ausstehend
2022-04 Update für Windows 11 für x64-basierte Systeme (KB4023057)
Download ausstehend
2022-06 Kumulatives Update für Windows 11 für x64-basierte Systeme (KB5014668) ist verfügbar.
Herunterladen und installieren
Weitere Optionen

Erste Schritte

So finden Sie sich sofort auf der neuen Benutzeroberfläche von Windows 11 zurecht.

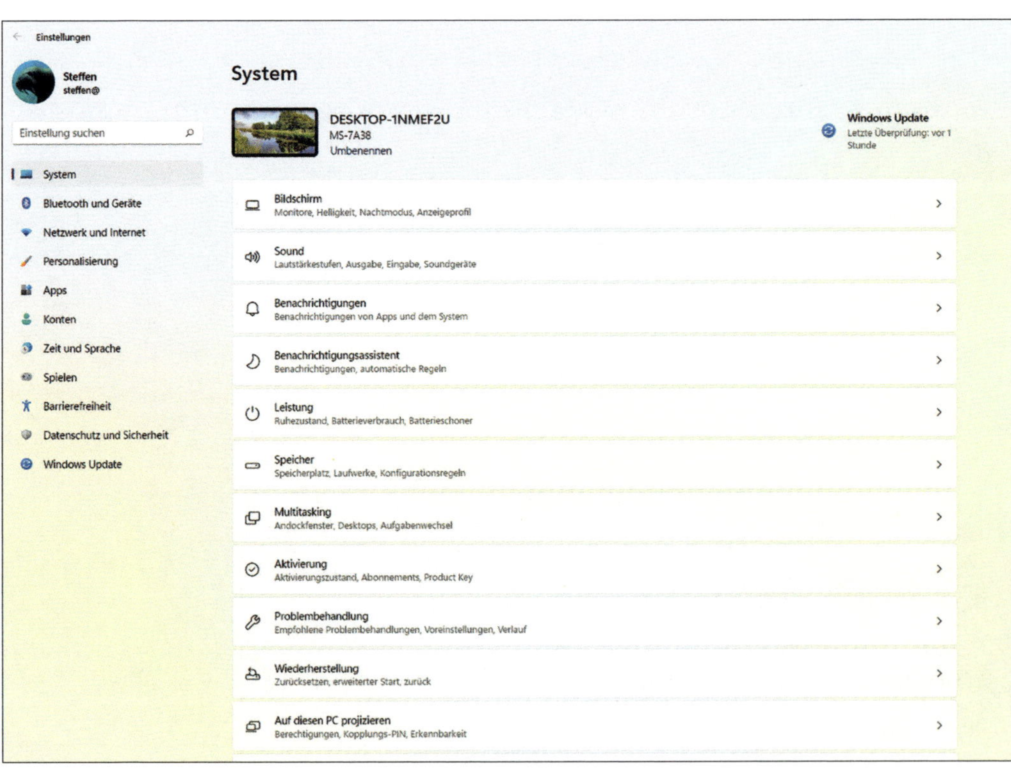
Einstellungen
Steffen
steffen@
Einstellung suchen
System
Bluetooth und Geräte
Netzwerk und Internet
Personalisierung
Apps
Konten
Zeit und Sprache
Spielen
Barrierefreiheit
Datenschutz und Sicherheit
Windows Update
System
DESKTOP-1NMEF2U
MS-7A38
Umbenennen
Windows Update
Letzte Überprüfung: vor 1 Stunde
Bildschirm
Monitore, Helligkeit, Nachtmodus, Anzeigeprofil
Sound
Lautstärkestufen, Ausgabe, Eingabe, Soundgeräte
Benachrichtigungen
Benachrichtigungen von Apps und dem System
Benachrichtigungsassistent
Benachrichtigungen, automatische Regeln
Leistung
Ruhezustand, Batterieverbrauch, Batterieschoner
Speicher
Speicherplatz, Laufwerke, Konfigurationsregeln
Multitasking
Andockfenster, Desktops, Aufgabenwechsel
Aktivierung
Aktivierungszustand, Abonnements, Product Key
Problembehandlung
Empfohlene Problembehandlungen, Voreinstellungen, Verlauf
Wiederherstellung
Zurücksetzen, erweiterter Start, zurück
Auf diesen PC projizieren
Berechtigungen, Kopplungs-PIN, Erkennbarkeit

Nachträgliche Aktivierung

Nach erfolgreichem Upgrade auf Windows 11 gehen Sie in die „Einstellungen", klicken links auf „System" und dann auf „Info". Etwas weiter unten befindet sich unter „Verwandte Einstellungen" die Schaltfläche „Product Key und Aktivierung". Falls nicht bereits geschehen, können Sie hier Ihren Installationsschlüssel eingeben und Windows aktivieren.

Einstellungen und Systemsteuerung

Schon seit einiger Zeit verschiebt Microsoft wichtige Funktionen von der „Systemsteuerung" älterer Windows-Versionen in die „Einstellungen" (siehe ► Seite 54).

Microsoft hat hier tatsächlich gute Arbeit geleistet: Unter Windows 11 sind die „Einstellungen" sehr viel klarer strukturiert worden. Wir verzichten an dieser Stelle darauf, jeden einzelnen Bereich vorzustellen, da das ein Fass ohne Boden wäre. Zudem kommen ständig neue Optionen hinzu, einzelne Links liefen gerade anfangs noch ins Leere und werden erst nach und nach mit Funktionen gefüllt.

Wir stellen die wichtigsten Funktionen daher an den Stellen dieses Buches vor, wo es inhaltlich Sinn ergibt. Das sollten Sie an dieser Stelle über die „Einstellungen" wissen:

- Sie können sie über das Zahnrad-Symbol im Start-Bereich aufrufen (es lässt sich dort nicht entfernen) oder mit der Tastenkombination „Windows-Taste + I".
- Das „Einstellungen"-Zahnrad lässt sich nicht aus dem Startmenü entfernen, wohl aber (nach einem Rechtsklick) an die Taskleiste anheften.

- Am schnellsten kommen Sie ans Ziel, wenn Sie die „Einstellungen" aufrufen und über das Eingabefeld oben links unter Ihrer Account-Information nach der gewünschten Funktion suchen.

Manches, wie etwa der „Geräte-Manager" (siehe dazu Kapitel „Geräte und Treiber installieren", ► Seite 57ff), ist allerdings nach wie vor nur bequemer über die „alte Systemsteuerung" zu erreichen. Um dorthin zu gelangen, geben Sie in das Suchfeld (Lupen-Symbol) den Begriff „Systemsteuerung" ein. In der Regel reichen auch schon die Buchstaben „Sys", damit Ihnen die App vorgeschlagen wird. Klicken Sie darauf, um die Systemsteuerung zu öffnen.

Geräte und Treiber installieren

Treiber (englisch „driver") sind kleine Programme, die dafür sorgen, dass PC-Komponenten sich mit dem Betriebssystem verstehen. Sie müssen möglichst aktuell gehalten werden, um zu funktionieren. Normalerweise sollten alle Treiber nach wie vor auch unter Windows 11 lauffähig sein. Das gilt vor allem dann, wenn Sie vorher bereits Windows 10 installiert hatten und alles in Ordnung war. Je älter allerdings die Windows-Version ist, von der Sie kommen, desto höher ist die Wahrscheinlichkeit, dass Sie anfangs Treiberprobleme haben.

Tatsächlich sind die allermeisten Schwierigkeiten, die nach einem Upgrade auftreten, auf falsche oder fehlende Treiber zurückzuführen. Gehen Sie in die Systemsteuerung und suchen Sie dort den Geräte-Manager – am einfachsten, indem Sie in das Suchfeld oben rechts „Geräte-Manager" oder auch nur „Geräte" eingeben und auf den entsprechenden Eintrag klicken.

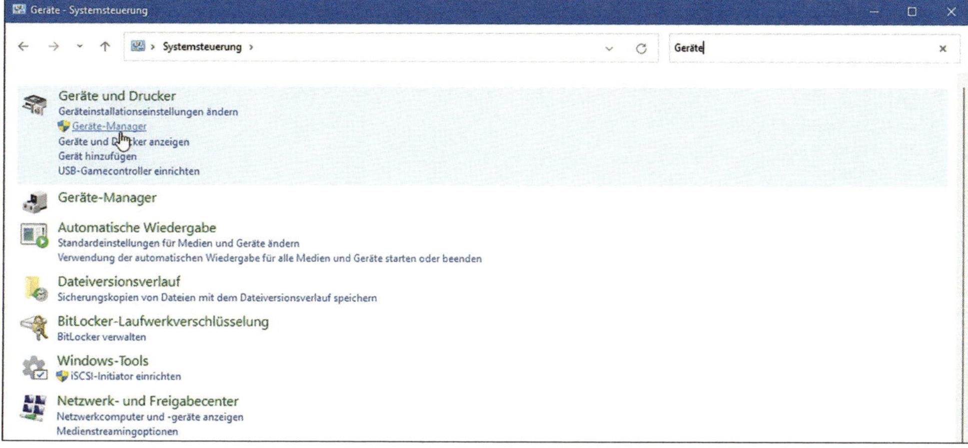

Das Schild daneben bedeutet, dass Sie als Administrator angemeldet sein müssen, um diese Funktion auszuführen.

Im Geräte-Manager wird Ihnen nun eine Liste aller Systemkomponenten angezeigt. Geräte mit Treiberproblemen sind mit einem Frage- oder Ausrufezeichen markiert. Klicken Sie mit der rechten Maustaste auf den betreffenden Eintrag und wählen Sie im Kontextmenü „Treiber aktualisieren".

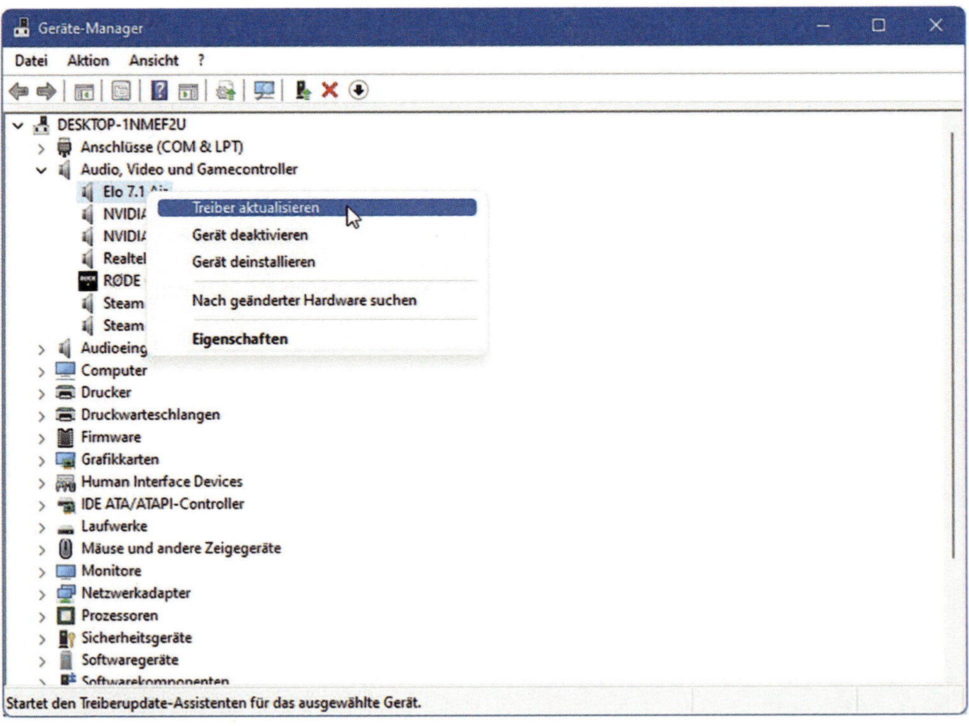

Sie können Windows nun automatisch im Internet nach Treibern suchen lassen. Haben Sie den erforderlichen Treiber selbst zur Hand – sei es auf einem Installationsdatenträger oder als Back-up – dann wählen Sie „Auf meinem Computer nach Treibern suchen" und wählen im nachfolgenden Dialog den Speicherort aus. Dieses Vorgehen empfiehlt sich auch, wenn Windows keine passenden Treiber findet. Notfalls eruieren Sie über „Eigenschaften" im Kontextmenü den Hersteller der betreffenden Komponente oder des Peripheriegeräts. Gehen Sie dann in den „Support"-Bereich der Website des Herstellers

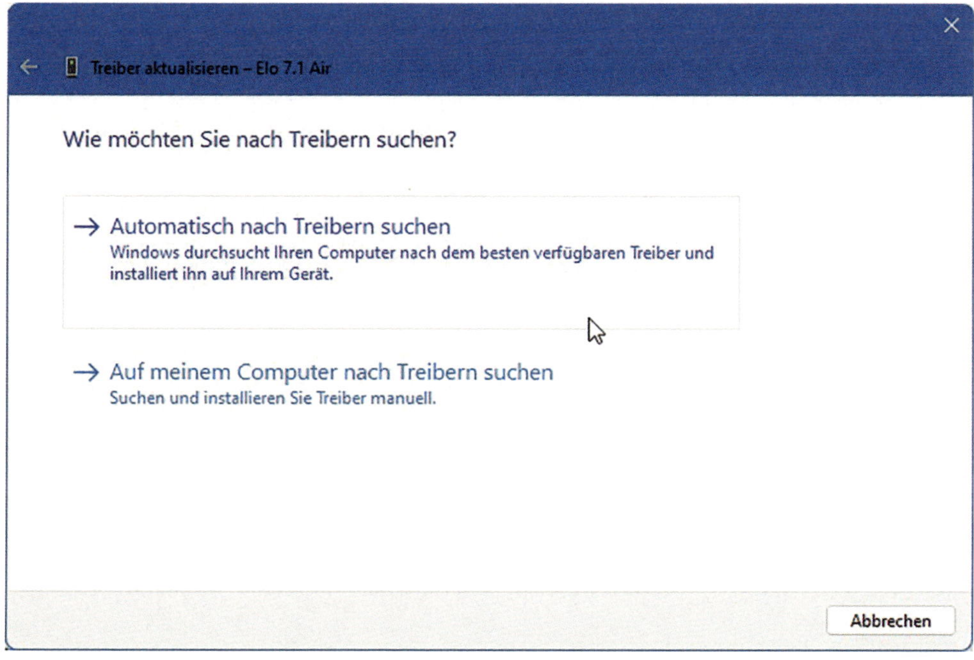

und suchen Sie nach einem passenden Treiber für das Gerät. Werden dort keine Treiber für Windows 11 oder für Windows 10 angeboten, versuchen Sie es mit einer älteren Treiberversion. Wenn Sie danach immer noch Probleme haben, wenden Sie sich direkt an den Hersteller oder erwägen Sie den Austausch der Systemkomponente. Zum Thema Treiberaktualisierung lesen Sie auch das Kapitel „Systempflege: Treiber per Software aktualisieren" (► Seite 197).

Nutzerkonten anlegen

Andere Benutzer wie etwa Familienmitglieder oder ein aus Sicherheitsgründen verwendetes lokales Konto können Sie in den „Einstellungen" im Bereich „Konten", „Familien & andere Benutzer" anlegen. Dazu wird ein Microsoft-Konto benötigt, es sei denn, Sie melden das Konto unter „Ihre Familie" an und wählen „Konto für eine(n) Minderjährige(n) erstellen" aus. Im Ausklappmenü unter „Anmeldung nicht möglich" müssen Sie dann noch „Anmeldung zulassen" aktivieren.

Unter „Andere Nutzer" können Sie ebenfalls weitere Konten hinzufügen (ein Microsoft-Konto ist hierfür obligatorisch) und unter „Kontooptionen" den Kontotyp ändern (also entweder auf „Standard" oder auf „Administrator"). Dafür müssen Sie als „Administrator" angemeldet sein. Nicht mehr benötigte Konten sollten Sie aus Sicherheitsgründen löschen, auch das können Sie hier tun.

E-Mail-Konten oder ein Google-Konto fügen Sie über „Konten", „E-Mail und Konten" hinzu. Hier können Sie außerdem die mit Ihrem Microsoft-Konto verbundene E-Mail-Adresse ändern, wenn Sie diese nicht mehr verwenden möchten, Ihre Kontakte, Online-Speicher, Abonnements und Einstellungen aber beibehalten möchten. In diesem Fall können Sie Ihrem Microsoft-Konto eine neue E-Mail-Adresse oder Telefonnummer als Alias hinzufügen.

Apps verwalten und reparieren

Zu den wichtigsten Bereichen in den „Einstellungen" zählt „Apps".

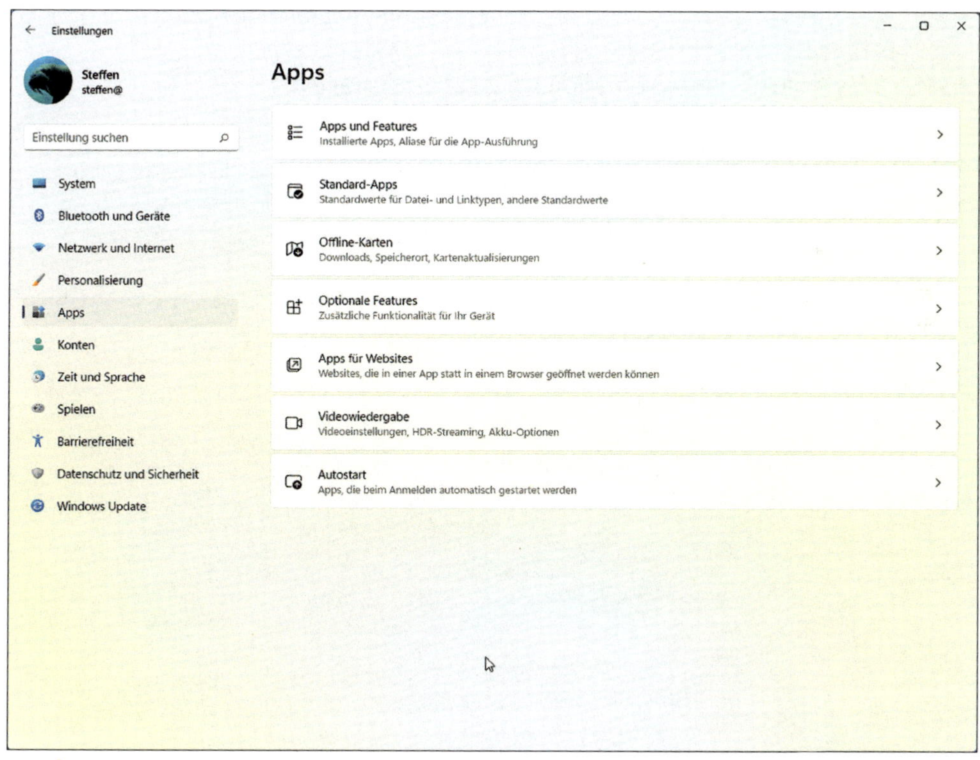

Unter „Apps und Features" sind alle Anwender-Apps aufgelistet, die auf Ihrem System installiert sind. Rechts in jedem App-Eintrag sehen Sie drei vertikale Punkte. Klicken Sie darauf, haben Sie unterschiedliche Optionen, die allerdings nicht für jede App gleich sind.

- Mit „Ändern" können Sie versuchen, nicht mehr funktionierende Apps zu reparieren.
- Wollen Sie eine App entfernen, klicken Sie auf „Deinstallieren".

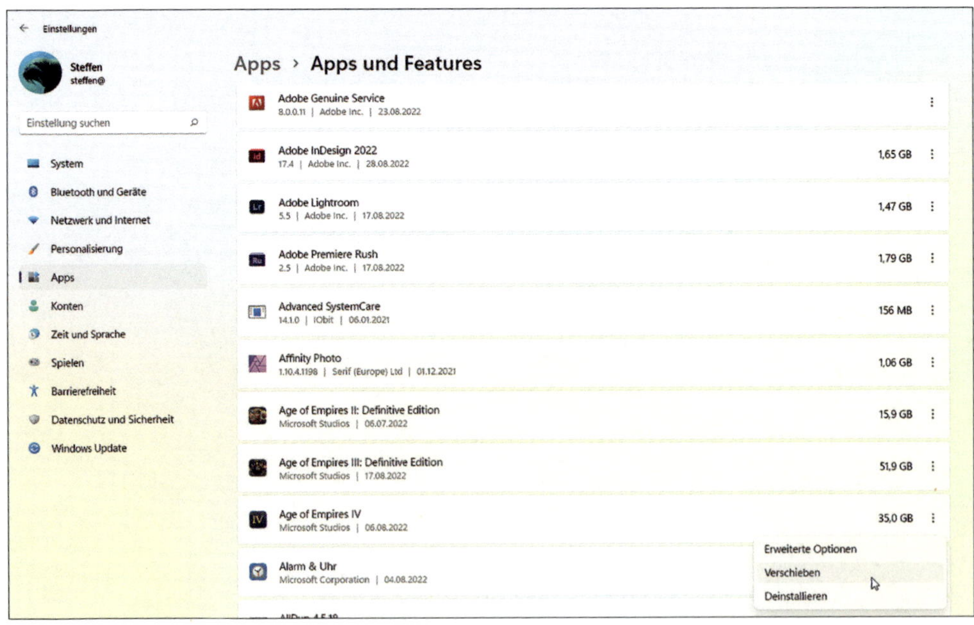

- Wird „Erweiterte Optionen" angezeigt, können Sie unter anderem festlegen, ob die betreffende App im Hintergrund ausgeführt werden darf.
- Mit „Verschieben" können Sie eine App auf eine andere Partition (also einen anderen Festplattenbereich oder eine andere physische Festplatte) verschieben.

Standard-Apps festlegen

Möchten Sie für bestimmte Funktionen ein bestimmtes Programm verwenden, doch es öffnet sich beim Anklicken immer ein anderes? Gehen Sie in „Einstellungen" in den Bereich „Apps" und „Standard-Apps". Dort können Sie Ihre bevorzugten Apps für bestimmte Links und Dateitypen festlegen – zum Beispiel, dass beim Öffnen eines Fotos im JPG-Format (Endung .jpg) statt des Windows-Bildbetrachters immer automatisch das Bildbearbeitungsprogramm GIMP benutzt werden soll.

Autostart anpassen

Im „Einstellungen"-Bereich „Apps" finden Sie ganz unten den Unterbereich „Autostart". Dort können Sie für jede Anwendung, die Windows nicht notwendigerweise zum Funktionieren braucht, festlegen, ob sie beim Hochfahren des PC automatisch gestartet werden soll oder nicht. Sie werden überrascht sein, wie viele Programme sich hier für den Autostart eingetragen haben. Denn natürlich hält jeder Anbieter seine eigene Software für unverzichtbar. Das verzögert allerdings den Start des Systems, verbraucht überdies unnötig Ressourcen und betrifft zudem auch die Datensicherheit. Schließlich können automatisch gestartete Programme auch dazu dienen, Nutzerdaten zu übermitteln.

Administrator aktivieren

Der „Administrator" ist bei Privat-PCs im Grunde eine virtuelle Person, denn natürlich darf der Besitzer damit machen, was er will, und muss sich keiner übergeordneten Instanz fügen. Dahinter steht das elementare Sicherheitskonzept von Windows. Es ist nämlich empfehlenswert, standardmäßig nur mit eingeschränkten Rechten unterwegs zu sein, da Sie das vor Schadprogrammen schützt. Die haben nämlich leichtes Spiel mit PCs, deren Nutzer alle Administrator-Rechte genießen, da sie sich so leichter Zugriff auf das gesamte System verschaffen können. Es ist daher sinnvoll, ein lokales Konto ohne Admin-Rechte anzulegen (falls Sie nicht ohnehin schon mit einem solchen Konto unterwegs sind). Das tun Sie wie oben beschrieben in den „Einstellungen" oder alternativ in der Systemsteuerung unter „Benutzerkonten" und „Konten verwalten". Melden Sie sich danach für Ihre tägliche Arbeit immer in diesem eingeschränkten Konto an. Nur wenn Sie größere Änderungen vorhaben, melden Sie sich als Administrator an.

Müssen Sie sich dann jedes Mal ummelden, wenn Sie ein Programm installieren wollen? Nein, denn zum einen verlangen nur solche Programme Admin-Rechte, die tief ins Innenleben von Windows eingreifen. Zum anderen findet sich in den vielen Menüs zum Programmstart die Option „Als Administrator ausführen", markiert mit einem Schild. Alternativ klicken Sie zum Ausführen eines Programmes mit der rechten Maustaste darauf und wählen „Als Administrator ausführen".

Was aber tun Sie, wenn Windows Sie standardmäßig nur als Nutzer mit eingeschränkten Rechten führt? Wo steckt nun der Administrator? Der wird bei der Installation in Form eines Benutzerkontos angelegt, aber deaktiviert und versteckt. Suchen Sie die „Eingabeaufforderung", indem Sie das Kürzel „cmd" eingeben. Klicken Sie dann mit rechts (!) auf den Eintrag unter „Höchste Übereinstimmung" und wählen Sie „Als Administrator ausführen".

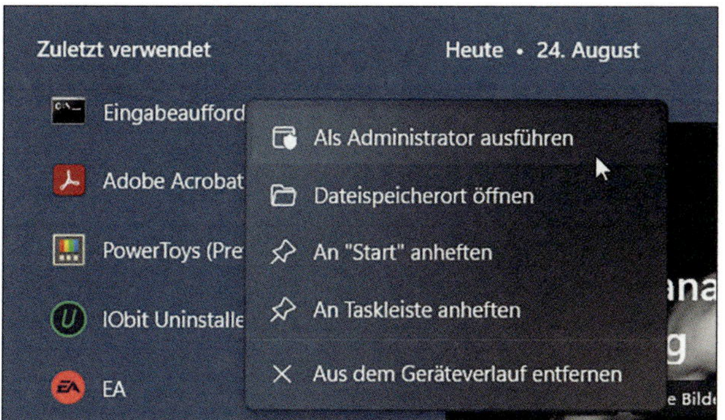

Geben Sie den Befehl „net user administrator /active" ein und betätigen Sie die Eingabetaste. Der Administrator erscheint nun unter „Systemsteuerung", „Benutzerkonten" und „Konten verwalten". Klicken Sie das Konto an und legen Sie ein Kennwort fest. Nun können Sie sich bei Bedarf als Administrator anmelden, sind Chef Ihres eigenen PC und dürfen weitere Konten mit erweiterten Rechten anlegen. Aber bitte verwenden Sie sonst immer das Standardkonto! Mit dem Befehl „net user administrator/ active:no" in der Eingabeaufforderung verschwindet das Administratorenkonto wieder.

Datenschutz-Einstellungen anpassen

Gehören Sie zu den Umsteigern, die ein Upgrade von Windows 10 zu Windows 11 gemacht haben, und haben Sie Ihre Datenschutzeinstellungen bereits beim Vorgänger angepasst? Dann sollten diese im Zuge der Installation eigentlich übernommen worden sein. Ganz sicher kann man sich da jedoch nicht sein. Sie sind daher gut beraten, einen genaueren Blick darauf zu werfen. Haben Sie Windows 11 ganz neu installiert (► Seite 45ff), einen neuen PC mit Windows 11 gekauft oder sich noch nie mit den Datenschutz-Einstellungen von Windows befasst, dann sollten Sie das erst recht tun. Ganz abgesehen davon ist es nie ein Fehler, sich mit diesem sensiblen Bereich auszukennen, den Microsoft unter Windows 11 ganz neu sortiert hat.

Alle Einstellungen können Sie auch noch im Nachhinein ändern, Sie können entsprechende Nachfragen während der Installation also getrost ignorieren – Hauptsache, Sie vergessen nicht, sich zu einem späteren Zeitpunkt darum zu kümmern. Schließlich wollen Sie dem Microsoft-Konzern Ihre persönlichen Daten nicht auf dem Silbertablett servieren und damit ohne Not Ihre Privatsphäre preisgeben.

Gehen Sie in die „Einstellungen", dort in die Rubrik „Datenschutz & Sicherheit" und schließlich zum Abschnitt „Windows-Berechtigungen".

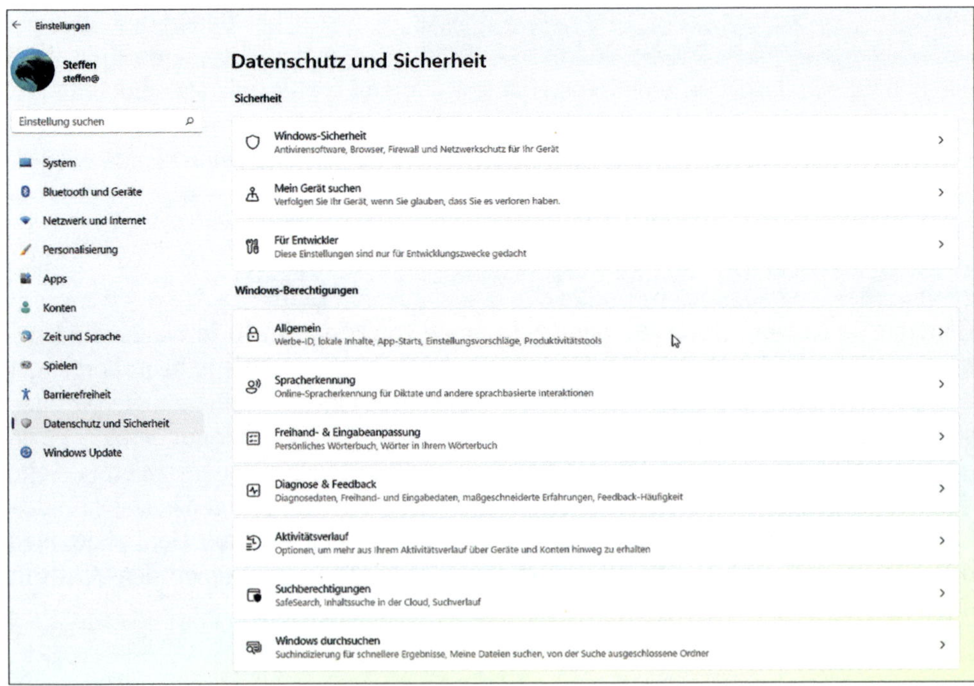

Unter „Allgemein" können Sie unterbinden, dass Ihnen auf Grundlage Ihrer gewohnten Windows-Nutzung und Ihres Surfverhaltens personalisierte Werbung zugestellt wird.

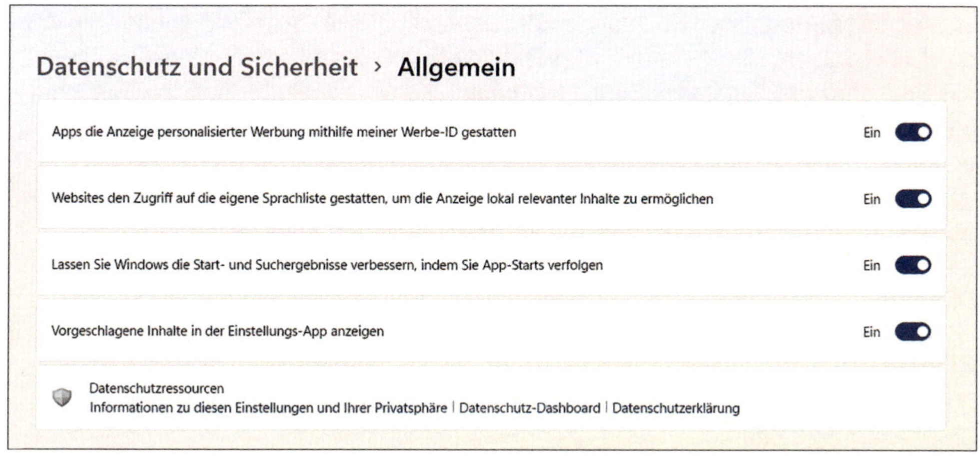

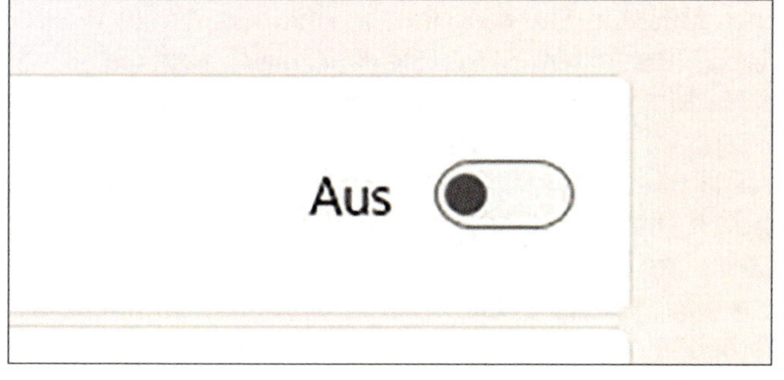

Stellen Sie dazu die Schalter rechts in den Einträgen auf „Aus".

Folgende Rubriken in den „Windows-Einstellungen" sollten Sie ebenfalls unter die Lupe nehmen:

Spracherkennung. Über eingebaute oder angeschlossene Mikrofone können Sie Windows über Sprachbefehle steuern oder Texte diktieren. Das funktioniert lokal, aber auch mit Unterstützung der Online-Spracherkennung. Konkret bedeutet das: Ihre Spracheingaben werden in die Cloud versendet und ausgewertet. Was genau mit diesen Informationen geschieht, ist – abgesehen von den Versicherungen Microsofts, die Privatsphäre der Windows-Nutzer zu respektieren – unklar. Daher raten wir: Schalten Sie diese Funktion ab. Die Sprachfunktion können Sie auch weiterhin offline nutzen.

Diagnose und Feedback. Wie nutzen Sie Ihren Rechner und welche Probleme treten in Ihrem System auf? Es ist nachvollziehbar, dass Microsoft solche Daten erhebt, um künftige Windows-Versionen zu verbessern. In den versendeten Telemetriedaten und Fehlerberichten können allerdings auch Inhalte von privaten Dokumenten enthalten sein. Unser Rat: Abschalten!

Individuelle Nutzererfahrung. Möchten Sie, dass Ihre Telemetriedaten zu Werbezwecken verarbeitet werden? Nein? Abschalten! Setzen Sie dabei gleich auch die „Feedbackhäufigkeit" auf „Nie", um Nachfragen vonseiten des Konzerns zu unterbinden.

Aktivitätsverlauf. Standardmäßig speichert Windows lokal, welche Apps Sie benutzen und welche Webseiten Sie besuchen. Die Option, diese Informationen auch mit Microsoft zu teilen, sollte ausgeschaltet sein. Das lokale Speichern können Sie dagegen im Grund aktiviert lassen, es ist vor allem dann hilfreich, wenn Sie mit dem gleichen Microsoft-Konto auf mehreren Geräten arbeiten und beispielsweise den Browser-Verlauf geräteübergreifend zur Verfügung haben möchten. Nutzen Sie ein Gerät mit mehreren Personen, sollten Sie dagegen auch die lokale Speicherung deaktivieren, wenn Sie verhindern möchten, dass die Mitnutzer Ihre Aktivitäten nachvollziehen können.

Suchberechtigungen. Die Windows-Suche (erreichbar über die Lupe bzw. das Suchfeld rechts neben dem Windows-Button, ► Seite 101ff) berücksichtigt unter anderem auch auf Ihrem Rechner gespeicherte Informationen, Daten aus OneDrive, SharePoint, Outlook, Bing und anderen Diensten, bei denen Sie sich mit Ihrem Microsoft-Konto angemeldet haben, sowie von Ihnen besuchte Webseiten. Wenn Sie diese Funktionen deaktivieren, werden Ihnen natürlich weniger relevante Suchergebnisse angezeigt. Hier können Sie auch Ihren lokal gespeicherten Suchverlauf löschen, um ihn vor unbefugten Augen zu verbergen. Unter „SafeSearch" können Sie außerdem festlegen, wie stark der Jugendschutz bei der Anzeige von Suchergebnissen berücksichtigt werden soll.

Windows durchsuchen. Windows erstellt einen Index aus Ihren Festplatteninhalten, damit Sie schnellere Suchergebnisse erzielen. Da sich diese Funktion auf die lokale Ebene beschränkt, ist sie für den Datenschutz weniger relevant.

App-Berechtigungen. Für diesen Bereich lassen sich kaum allgemeine Empfehlungen geben. Hier wird insbesondere der Zugriff von bestimmten Apps und Programmen auf bestimmte Hardwarekomponenten wie Kamera und Mikrofon sowie auch Inhalte wie etwa Bilder, Videos und Dateisystem geregelt. Es liegt auf der Hand, dass solche Berechtigungen notwendig sind, um bestimmte Funktionen auszuführen – wie etwa der Zugriff auf das Mikrofon, wenn Sie über Ihren Rechner telefonieren wollen. Es empfiehlt sich aber, die 25 Unterpunkte von Zeit zu Zeit durchzugehen, um festzustellen, welcher Dienst aktuell welche Berechtigungen hat. Nicht selten stellt sich dabei nämlich heraus, dass man Berechtigungen unbewusst erteilt hat oder sich nicht mehr daran erinnert. Berechtigungen für Programme, die Sie gar nicht nutzen, sollten Sie auf jeden Fall zurücknehmen.

Tipp. Möchten Sie sich noch genauer in Ihre Datenschutzeinstellungen einarbeiten, finden Sie unter der Adresse https://account.microsoft.com/privacy/ weitere Erklärungen von Microsoft sowie die Möglichkeit, die Einstellungen nach Anmeldung mit Ihrem Microsoft-Konto online anzupassen.

Geräte anschließen und Standard-Geräte festlegen

Die meisten wichtigen Geräteeinstellungen finden Sie in den „Einstellungen" im Bereich „Bluetooth und Geräte". Die meisten Geräte sind heute „Plug & Play", das heißt, Windows erkennt sie automatisch, sobald sie angeschlossen werden. Ist das nicht der Fall oder ein Gerät wurde während des Upgrades auf Windows 11 „vergessen", klicken Sie bei „Geräte" auf „Gerät hinzufügen". Für Drucker und Scanner öffnen Sie zuerst den Bereich „Drucker und Scanner" und wählen dann „Geräte hinzufügen". Klicken Sie danach auf den Eintrag des Geräts in der Liste, um weitere Einstellungen für dieses Gerät vorzunehmen.

Standard-Geräte festlegen

Um Standard-Geräte festzulegen, gehen Sie am besten über die Systemsteuerung. Windows ist hier noch etwas inkonsequent, es kann also sein, dass absehbar eine entsprechende Funktion in den oben erwähnten Bereich „Bluetooth und Geräte" in den „Einstellungen" integriert wird. Öffnen Sie die „Systemsteuerung" über das Windows-Suchfeld, gehen Sie zu „Hardware und Sound", „Geräte und Drucker", rechtsklicken Sie auf den gewünschten Drucker und wählen Sie „Als Standarddrucker festlegen".

Auch Standard-Audiogeräte legen Sie etwas anders fest, nämlich unter „System" und „Sound". Fügen Sie dort unter „Ausgabe" Ihre Lautsprecher oder Kopfhörer und unter „Eingabe" Ihr Mikrofon hinzu und legen Sie sie bei Bedarf als Standard fest. Für das Mikrofon müssen Sie unter Umständen noch Einstellungen im „Einstellungen"-Bereich „Datenschutz und Sicherheit" vornehmen, damit es richtig funktioniert.

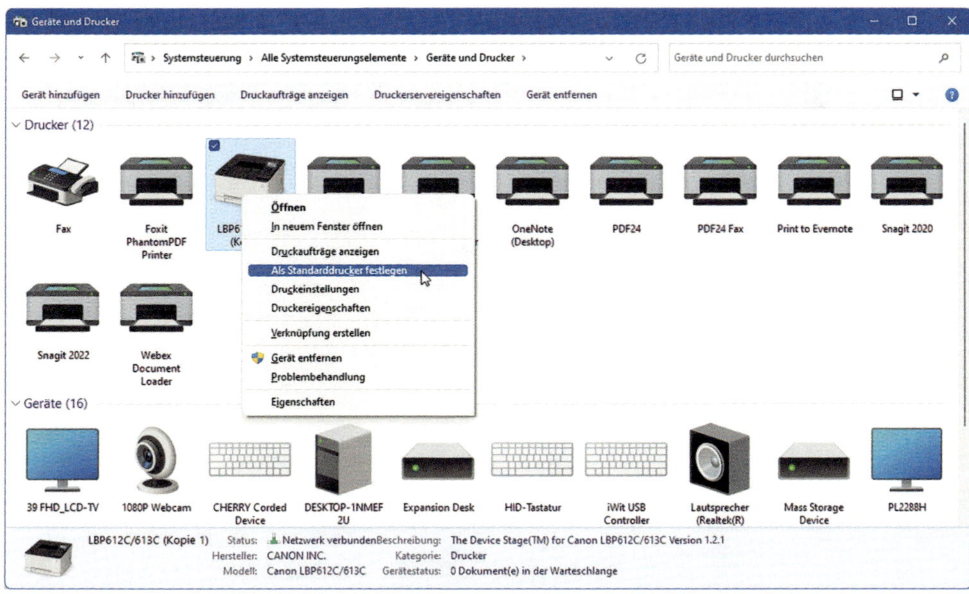

Schnellen Zugriff auf Audiogeräte und Mikrofon haben Sie auch über die Icons in der Taskleiste, sofern Sie sie dort aktiviert haben (siehe dazu Kapitel „Die Taskleiste anpassen“, ► Seite 147ff).

Wo ist das alte Windows?

Windows 10 ist nach dem Upgrade auf Windows 11 keineswegs verschwunden. Vielmehr wird auf dem Installationslaufwerk (in der Regel Laufwerk C:) ein Ordner mit der Bezeichnung „Windows.old“ angelegt.

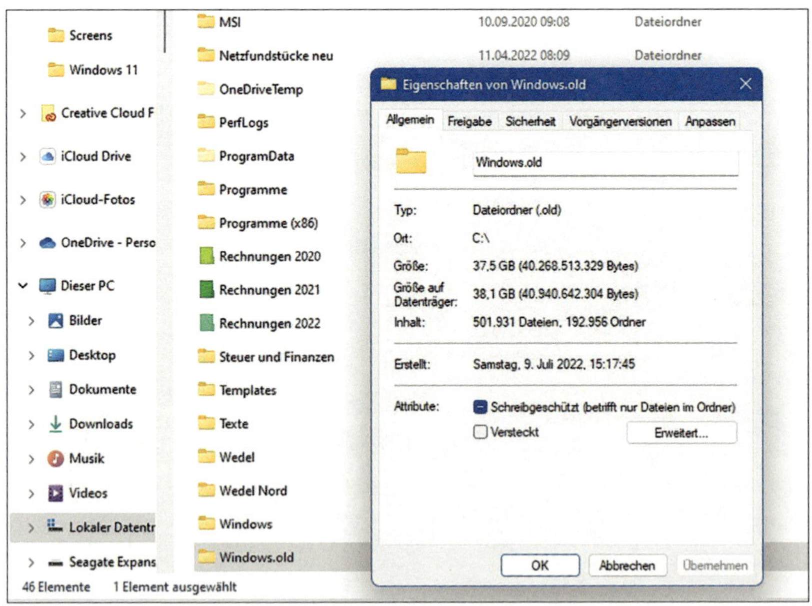

Dieser kann ziemlich groß sein und sich auf Ihrer Festplatte entsprechend breit machen. Sie können ihn bedenkenlos löschen, aber nur dann, wenn Sie sich ganz sicher sind, dass Sie Windows 11 auch behalten wollen. Der Ordner wird nämlich zur Wiederherstellung von Windows 10 (siehe „Zurück zu Windows 10", ► Seite 85) benötigt. Sie können ihn natürlich auch zur Sicherheit auf ein externes Laufwerk auslagern. Doch nach Ablauf der Rücksetzungsfrist von zehn Tagen hat er eigentlich keinen Zweck mehr.

Windows.old löschen

Dabei werden Sie allerdings auf ein Problem stoßen: Als Systemdatei widersetzt sich Windows.old dem Löschen, selbst wenn Sie Administratorenrecht haben. Gehen Sie daher folgendermaßen vor:

- Klicken Sie auf die Windows-Suche (die Lupe rechts neben dem Windows-Button) und geben Sie „Datenträgerbereinigung" in das Suchfeld ein.
- Klicken Sie mit rechts auf die gefundene App und wählen Sie „Als Administrator ausführen" (siehe ► Seite 74).
- Wählen Sie das Laufwerk, wo sich Windows.old befindet (siehe ► Seite 74).
- Nach einigen Sekunden erscheinen Vorschläge für eine Datenträgerbereinigung. Suchen Sie hier nach „Vorherige Windows-Installationen" und markieren Sie den Eintrag mit einem Haken (siehe ► Seite 74).
- Klicken Sie auf „OK" und bestätigen Sie die darauf folgende Warnung mit „Ja" (siehe ► Seite 74).

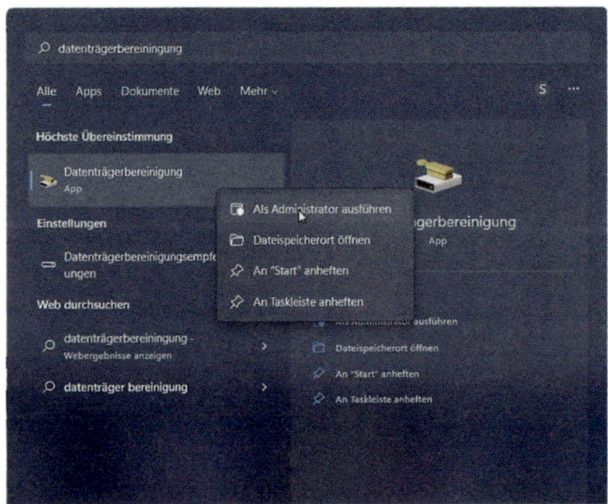
datenträgerbereinigung
Alle
Apps
Dokumente
Web
Mehr
Höchste Übereinstimmung
Datenträgerbereinigung
App
Einstellungen
Datenträgerbereinigungsempfe ungen
Web durchsuchen
datenträgerbereinigung -
Webergebnisse anzeigen
datenträger bereinigung
Als Administrator ausführen
Dateispeicherort öffnen
An "Start" anheften
An Taskleiste anheften

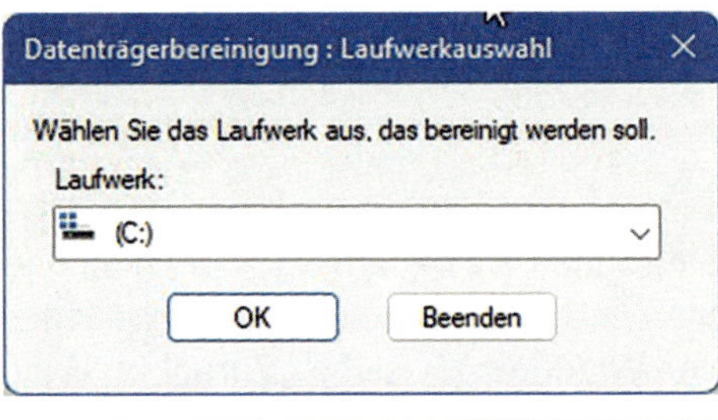
Datenträgerbereinigung : Laufwerkauswahl
Wählen Sie das Laufwerk aus, das bereinigt werden soll.
Laufwerk:
(C:)
OK
Beenden

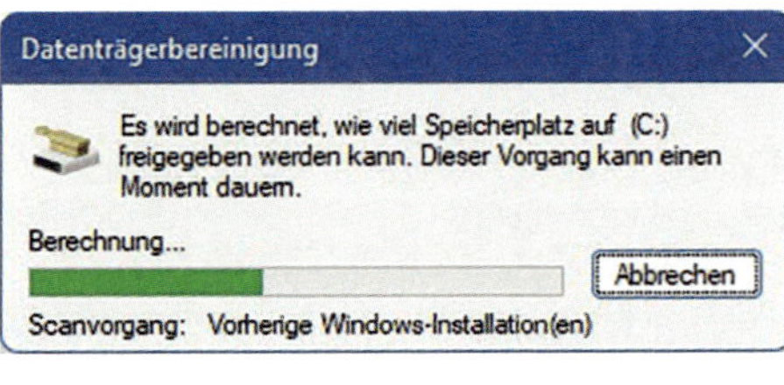
Datenträgerbereinigung
Es wird berechnet, wie viel Speicherplatz auf (C:) freigegeben werden kann. Dieser Vorgang kann einen Moment dauern.
Berechnung...
Abbrechen
Scanvorgang: Vorherige Windows-Installation(en)

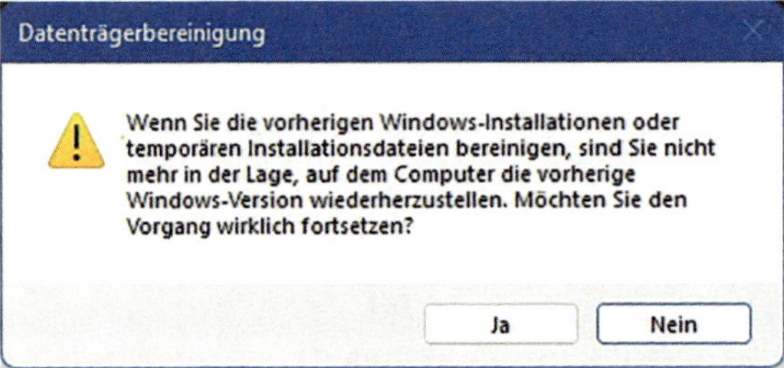
Datenträgerbereinigung
Wenn Sie die vorherigen Windows-Installationen oder temporären Installationsdateien bereinigen, sind Sie nicht mehr in der Lage, auf dem Computer die vorherige Windows-Version wiederherzustellen. Möchten Sie den Vorgang wirklich fortsetzen?
Ja
Nein

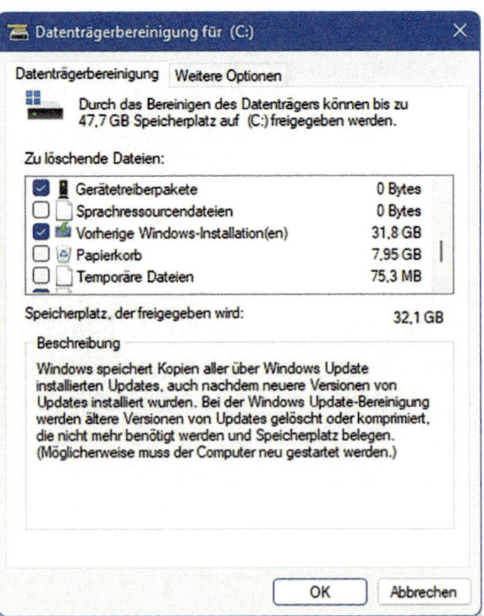
Datenträgerbereinigung für (C:)
Datenträgerbereinigung
Weitere Optionen
Durch das Bereinigen des Datenträgers können bis zu 47,7 GB Speicherplatz auf (C:) freigegeben werden.
Zu löschende Dateien:
Gerätetreiberpakete 0 Bytes
Sprachressourcendateien 0 Bytes
Vorherige Windows-Installation(en) 31,8 GB
Papierkorb 7,95 GB
Temporäre Dateien 75,3 MB
Speicherplatz, der freigegeben wird: 32,1 GB
Beschreibung
Windows speichert Kopien aller über Windows Update installierten Updates, auch nachdem neuere Versionen von Updates installiert wurden. Bei der Windows Update-Bereinigung werden ältere Versionen von Updates gelöscht oder komprimiert, die nicht mehr benötigt werden und Speicherplatz belegen. (Möglicherweise muss der Computer neu gestartet werden.)
OK
Abbrechen

Troubleshooting

Was Sie tun können, wenn es nicht gleich rund läuft.

Wenn direkt nach der Installation noch nicht alles rundläuft, ist das kein Grund zur Sorge. Manchmal benötigt Windows noch ein paar Neustarts, um sich „zurechtzuruckeln". Dabei macht es einen Unterschied, ob Sie

- auf den Windows-Start-Button und dann auf den „Ein/Aus"-Schalter klicken und „Neu starten" wählen oder
- auf den Windows-Start-Button und dann auf den „Ein/Aus"-Schalter klicken und „Herunterfahren" wählen und den Rechner danach erneut starten.

In jedem der Fälle führt Windows nämlich andere Selbstüberprüfungsroutinen durch. Führen Sie daher ruhig beide Varianten des Neustarts durch, gegebenenfalls auch mehrmals. Die Wahrscheinlichkeit ist hoch, dass sich Ihr Problem danach bereits gelöst hat.

In bestimmten Fällen kann es auch notwendig sein, einen Neustart über die „Reset"-Taste des PC zu erzwingen. Das sollten Sie aber nur tun, wenn das oben beschriebene Vorgehen nichts gebracht hat.

Dieses Vorgehen empfiehlt sich im Übrigen nicht nur nach einer Neuinstallation von Windows 11, sondern nach allen Updates, nach denen Probleme auftreten.

Die verschwundene Taskleiste

Es kommt nicht selten vor, dass die Windows-Taskleiste nicht geladen werden kann. Sie bleibt dann einfach weiß und lässt sich auch durch Anklicken mit rechts oder links zu keinerlei Reaktionen überreden. Wenn Sie nun wie oben beschrieben den PC neu starten wollen, haben Sie das Problem, dass Sie den Windows-Button nicht betätigen können. In diesem Fall können Sie das Folgende tun:

- Drücken Sie gleichzeitig die „STRG-, ALT- und ENTF"-Tasten. Nun startet der „Task-Manager" in einem eigenen Fenster. Unten rechts in diesem Fenster befindet sich ein Start-Button, mit dem Sie den PC neu starten oder ganz ausschalten können.

Alternativ können Sie auch einen Neustart über die „Reset"-Taste des PC erzwingen.

Wo ist mein Desktop geblieben?

Der Desktop (► Seite 95) ist, wie es der englische Name schon sagt, Ihr digitaler Schreibtisch. Es ist ziemlich ärgerlich, wenn nach der Installation oder einer anderen Änderung plötzlich alles durcheinander ist oder gar keine Desktop-Symbole mehr angezeigt werden. In diesem Fall gehen Sie folgendermaßen vor:

- Öffnen Sie die „Einstellungen" (Windows-Taste + I) und suchen Sie links den Bereich „Personalisierung" und „Designs" (► Seite 79).
- Klicken Sie auf die Schaltfläche „Desktopeinstellungen".
- In dem sich nun öffnenden Fenster, das zu „Systemsteuerung" führt, können Sie festlegen, welche Elemente auf dem Desktop angezeigt werden sollen.
- Werden nach der Installation von Windows 11 keine Desktop-Symbole („Icons") angezeigt, klicken Sie auf „Wiederherstellen".

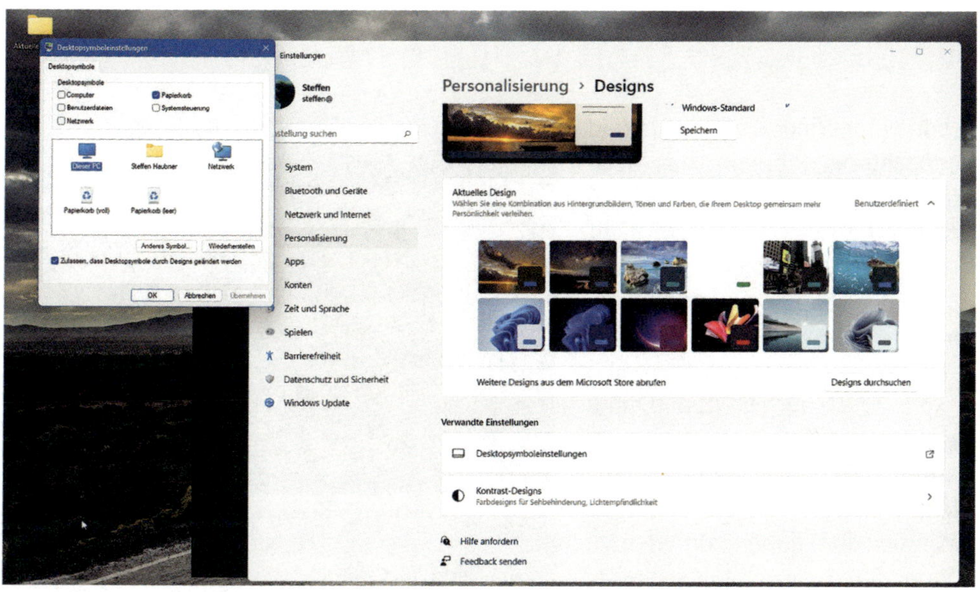

Apps zurücksetzen

Wenn bestimmte Anwendungen, Programme und Apps nicht mehr richtig funktionieren, gehen Sie in die „Einstellungen" in den Bereich „Apps" und klicken Sie in der Liste „Apps und Features" auf die drei vertikalen Punkte rechts neben dem gewünschten Gerät. Wählen Sie nun „Ändern" und folgen Sie den Anweisungen auf dem Bildschirm. Führt das nicht zum Erfolg, können Sie versuchen, die App zu deinstallieren, danach neu zu installieren und Windows neu zu starten.

Windows-Sicherheit wiederherstellen

Schon unter Windows 10 ein häufig beobachtetes Problem, das auch Windows 11 geerbt hat: Die Windows-Sicherheit lässt sich nicht mehr erreichen. Zunächst einmal ist das kein Grund zur Beunruhigung, da der Windows Defender und die Firewall (siehe Kapitel „Sicherheit", ► Seite 177ff) auch weiterhin ihren Dienst tun. Auf Dauer ist es aber natürlich kein haltbarer Zustand, nicht mehr auf die so wichtigen Sicherheitsfunktionen zugreifen zu können.

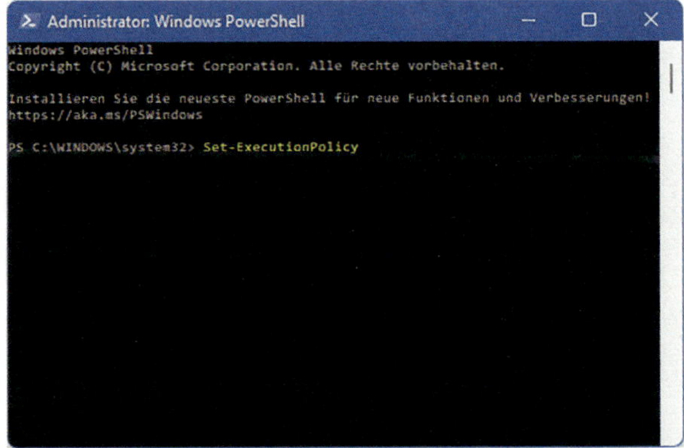

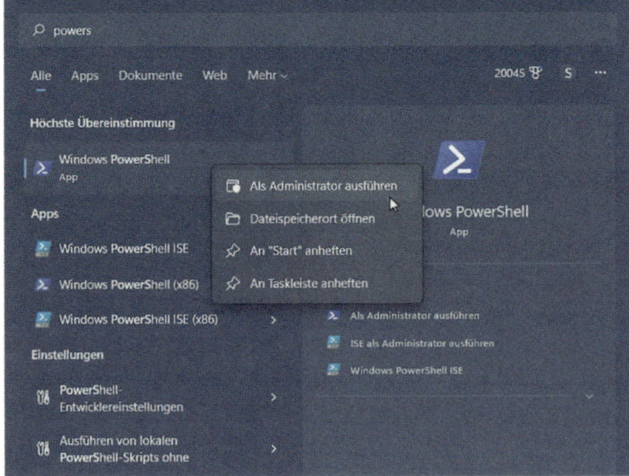

- Rufen Sie über die „Suche" die „PowerShell" (siehe dazu Kapitel „Taskleiste und Startmenü", ► Seite 97) auf und öffnen Sie sie als Administrator (Rechtsklick auf den Eintrag, dann „Als Administrator ausführen"; siehe dazu Kapitel „Administrator", ► Seite 64f).

- Geben Sie den Befehl „Set-ExecutionPolicy Unrestricted" ein, bestätigen die Nachfrage mit „J" für „Ja" und bestätigen Sie mit der Eingabetaste.
- Geben Sie diesen Befehl ein
  Get-AppXPackage -AllUsers | Foreach {Add-AppxPackage -DisableDevelopment-Mode -Register "$($_.InstallLocation)\AppXManifest.xml"}
- Bestätigen Sie mit der Eingabetaste und warten Sie ab, bis die Änderungen vorgenommen wurden.

Schnellstart deaktivieren

Lassen sich Probleme wie etwa die inaktive Taskleiste nicht durch Neustarts beseitigen, sondern treten immer wieder auf, könnte das etwas mit dem sogenannten Schnellstart oder „Hybridmodus" von Windows zu tun haben. Wie schon die Vorgängerversionen, so besitzt auch Windows 11 einen speziellen Modus, der es erlaubt, Windows nach dem Herunterfahren schneller zu starten. Fährt man Windows 11 herunter, werden wichtige Daten gespeichert, die dann beim nächsten Hochfahren abgerufen werden. Manchmal kann das aber zu Problemen führen, indem falsche oder alte Daten geladen werden, die Windows 11 behindern.

Haben Sie beobachtet, dass Ihre Probleme nur nach dem Herunterfahren und wieder Hochfahren, nicht aber beim Neustarten auftreten, dann liegt es mit ziemlicher Sicherheit an der Schnellstartfunktion. Deshalb sollten Sie diese dann deaktivieren.

- Geben Sie „Systemsteuerung" (meist reicht „Sys") in die Suche ein und starten Sie die App.
- Schalten Sie auf „Kleine Symbole" um und öffnen Sie die „Energieoptionen".

- Klicken Sie links „Auswählen, was beim Drücken von Netzschalter geschehen soll" an.
- Im neuen Fenster klicken Sie oben auf „Einige Einstellungen sind momentan nicht verfügbar".
- Um den Schnellstart zu deaktivieren, entfernen Sie den Haken bei „Schnellstart aktivieren (empfohlen)".
- Bei Notebooks und Tablets überprüfen Sie anschließend vorsichtshalber noch die Energieeinstellungen unter „Energieoptionen", „Energiesparplaneinstellungen ändern", „Erweiterte Energieeinstellungen" die Option „Ruhezustand nach...".

Der Rechner fährt beim nächsten Abschalten nun vollständig herunter und startet ohne gespeicherte Einstellungen. Der Start von Windows 11 kann dadurch etwas langsamer sein, was bei guter Hardware aber nicht auffällt.

UEFI/Windows im abgesicherten Modus

Das „Unified Extensible Firmware Interface" („Vereinheitlichte erweiterbare Firmware-Schnittstelle") ist eine Kommunikationsplattform zwischen Ihrer Hardware und dem Betriebssystem (also Windows). Bei den heute meist üblichen 64-Bit-Systemen (also Rechnern, auf denen die 64-Bit-Version von Windows installiert ist) hat es die Rolle des BIOS eingenommen, das nur noch bei 32-Bit-Systemen zu finden ist. Das UEFI dient dazu, grundlegende Systemeinstellungen vorzunehmen und unter anderem auch dazu, den abgesicherten Modus aufzurufen. Dieser ist eine gute Möglichkeit, Windows zu starten und Änderungen vorzunehmen, wenn es irgendwelche größeren Probleme gibt.

Was passiert beim „Herunterfahren"?

In Zeiten von Handys und Tablet-PCs ist die Geduld der Nutzer merklich gesunken. Beim Einschalten eines Geräts sollen alle Funktionen möglichst sofort verfügbar sein. Microsoft hat diese Zeichen der Zeit schon länger erkannt und daher bei neueren Windows-Versionen eine Funktion namens „Schnellstart" eingeführt. Wurde früher beim „Herunterfahren" der gesamte PC mit sämtlichen laufenden Programmen abgeschaltet, ist das nun nicht mehr so. Zwar werden alle Anwendungen beendet, Windows selbst bleibt aber in Habt-Acht-Stellung. Positiver Effekt: Beim Einschalten ist das Betriebssystem viel schneller wieder einsatzbereit. Das Ganze hat aber auch einen Haken. Denn während des Betriebs unter Umständen aufgetretene Probleme werden auf diese Weise ebenfalls nicht beendet, sondern bis über den nächsten Start hinaus „verschleppt". Wählt man nun immer „Herunterfahren" und führt nie einen Neustart durch, kann das zu allerhand Fehlern und einer merklichen Verlangsamung des Arbeitstempos führen.
Haben Sie das Gefühl, dass es unter Windows nicht mehr rund läuft, sollten Sie deshalb einen kompletten Neustart durchführen. Dazu klickt man auf den Windows-Button unten links, dann auf den Ein-Aus-Button und wählt im nun geöffneten Fenster „Neustart". Zum Aufrufen des Auswahlmenüs kann man alternativ auch die Tastenkombination „Windows + D" und danach „Alt + F4" drücken. Wer dagegen seinen PC noch schneller starten möchte, wählt nicht mehr „Herunterfahren", sondern die Option „Energie sparen". Der Inhalt des Arbeitsspeichers bleibt dabei erhalten, Windows ist beim Wiedereinschalten praktisch sofort startklar. Trotz des Versprechens im Namen wird aber weiter Strom verbraucht. Anders ist das im „Ruhezustand". Der Inhalt des Arbeitsspeichers wird in einer Datei auf der Festplatte gesichert, der PC kann komplett vom Strom getrennt werden. Trotzdem ist der Rechner beim Einschalten schneller wieder wach als beim klassischen „Herunterfahren", wenn auch nicht ganz so flott wie beim „Energie sparen".

In früheren Windows-Versionen konnte man das UEFI/BIOS während des Hochfahrens durch die Kombination „Umschalt- und F8-Taste" aufrufen. Der Rechner startet dann ins UEFI/BIOS statt in Windows. Das Zeitfenster ist seit jeher allerdings so klein, dass meist mehrere Versuche nötig sind. Unter Windows 11 ist dieses Zeitfenster leider noch kleiner geworden. Mit diesem Trick können Sie sich behelfen:

- Klicken Sie unten links auf den Windows-Button, finden Sie oben rechts den Power-Button. Diesen finden Sie ebenfalls unten rechts im Sperrbildschirm, wenn Sie Windows starten.
- Klicken Sie auf den Power-Button, erscheint unter anderem die Option „Neu starten".
- Halten Sie die Umschalt-Taste gedrückt und klicken Sie gleichzeitig auf „Neu starten".
- Nun sollte das UEFI geladen werden.

Vorsicht. Im UEFI sollten Sie nicht leichtfertig Änderungen vornehmen, da dies dazu führen kann, dass Windows nicht mehr richtig startet oder sogar Schäden an der Hardware entstehen. Mit ESC können Sie das UEFI jederzeit verlassen, ohne die Änderungen zu speichern, falls Sie sich unsicher sind, das Richtige getan zu haben.

Und so starten Sie in den abgesicherten Modus:

- Wenn Sie in der hellblau unterlegten Benutzeroberfläche des UEFI angekommen sind, wählen Sie die „Problembehandlung".
- Unter den „Erweiterten Optionen" finden Sie nun die „Windows-Starteinstellungen". Klicken Sie dort auf „Neu starten".

- Warten Sie einen Moment, bis das System geladen wurde. Tippen Sie nun auf die Nummerntaste 4.
- Windows wird nun im abgesicherten Modus gestartet.

Zurück zu Windows 10

Sie kommen mit Windows 11 nicht zurecht oder Ihr PC läuft nicht mehr rund? Auch unser „Troubleshooting“ (siehe ► Seite 75ff) hat Ihnen nicht weitergeholfen? Wenn Sie überzeugt sind, dass das Upgrade ein Fehler war und Sie zu Windows 10 zurück wollen, können Sie dies innerhalb von zehn Tagen tun. Voraussetzung dafür ist, dass Sie die Datei „Windows.old“ nicht gelöscht haben (siehe „Wo ist das alte Windows?“, ► Seite 72ff).

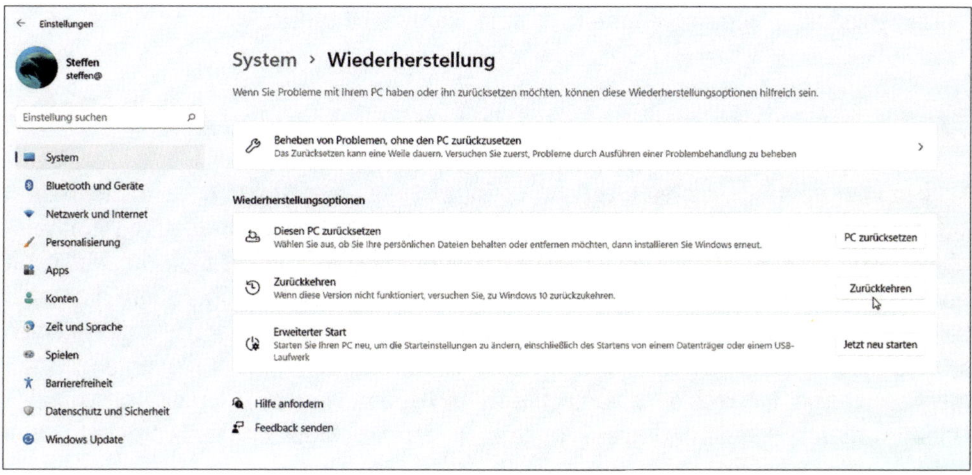

Dateien, die Sie unter Windows 11 erstellt haben, bleiben bei diesem „Rollback" erhalten. Es wurde allerdings vereinzelt davon berichtet, dass die Update-Funktion unter dem „neuen alten" Windows nicht mehr richtig funktioniert, sondern nur noch das Windows-11-Upgrade angeboten wird. In diesem Fall müssen Sie auf Ihr Back-up (siehe „Daten sichern", ► Seite 33ff) zurückgreifen. Mit einem gewissen Risiko ist der Wechsel von Windows 10 zu Windows 11 und wieder zurück also immer verbunden, weshalb Sie diese Schritte nicht leichtfertig unternehmen sollten. Wollen Sie endgültig zu Windows 10 zurück, gehen Sie wie folgt vor:

- Öffnen Sie das Startmenü und klicken Sie auf „Einstellungen".
- Wählen Sie links den Menüpunkt „System" aus und scrollen Sie dann nach unten zu „Wiederherstellung".
- Klicken Sie beim Punkt „Zurück" auf die Schaltfläche „Zurück".
- Nun spielt Ihr Computer automatisch auf Windows 10 zurück.

Nach dem Upgrade ist vor dem Update

Sie kommen frei Haus, kosten nichts und bringen viele neue Funktionen. Trotzdem freut sich nicht jeder über die regelmäßig verteilten Aktualisierungen des Betriebssystems Windows. Denn immer wieder setzen missglückte Updates PCs außer Gefecht. Microsoft musste dafür schon viel Kritik einstecken, häufig auch zu Recht. Dabei sollte man aber nicht vergessen, dass das Betriebssystem – anders als etwa Apples macOS – auf Systemen laufen muss, die aus den unterschiedlichsten Hard- und Softwarekomponenten zusammengesetzt sind. Ein Problem sind auch unzureichend gewartete PCs oder Apps, die den Updatevorgang behindern. Nutzer können sich aber gezielt auf Updates vorbereiten und

Datenverlust vorbeugen. Dieser Aufwand ist so oder so nicht vergebens, denn eine Datensicherung und Überprüfung des Rechners sollte man sowieso hin und wieder durchführen.

Kann man Updates gezielt steuern oder verzögern?

Die Frage lässt sich pauschal nicht beantworten, da die Antwort von der Windows-Version und der Art des Updates abhängt. So sind bei der „Home Edition" die Optionen limitiert. Immerhin kann man eine Update-Pause von sieben Tagen einlegen, was etwa dann sinnvoll ist, wenn man gerade an einem zeitkritischen Projekt arbeitet. Dazu geht man über den „Start"-Button und das Zahnrad-Symbol in die „Einstellungen" (alternativ: die Tastenkombination „WIN + I"). Im Bereich „Update und Sicherheit" und „Windows Update" klickt man dann auf „Updatepause für 7 Tage". Über „Erweiterte Optionen" kann man die Updates bei einigen Windows-Versionen auch länger aussetzen, nämlich bis zu 35 Tage und über das Ausklappmenü „Datum auswählen".

Wie unterscheiden sich die Updates voneinander?

Grundsätzlich gibt es Sicherheits-Updates, Treiber-Updates und Funktions-Updates. Microsoft ist dazu übergegangen, größere Updates für Privatanwender nur in Ausnahmefällen automatisch auszuführen. Das sind vor allem die Funktions-Updates, die, wie es der Name bereits nahelegt, Windows auch mit neuen Funktionen ausstatten. Um sie in Gang zu setzen, muss man im Bereich „Windows Update" der „Einstellungen" auf „Herunterladen und Installieren" klicken. Das gilt auch für die „kumulativen Updates", es sei denn, es müssen Sicherheitslücken geschlossen werden.

Was ist die wichtigste Maßnahme vor jedem größeren Update?

Am wichtigsten ist die Sicherung aller wichtigen Daten auf einem externen Datenträger. Das geht manuell für einzelne Dateien oder Ordner über den Datei-Explorer oder mit Back-up-Programmen wie „EaseUS Todo Backup Free". Wer gleich die ganze Festplatte oder Teile davon sichern möchte, kann das mit Programmen wie „DriveImage XML" tun, das für Privatnutzer gratis ist.

Daneben empfiehlt sich die Erstellung eines Notankers, mit dem sich Windows im Ernstfall retten lässt. Die Eingabe von „System" in das Windows-Suchfeld genügt, um die Startschaltfläche der „Systemsteuerung" aufzurufen. Dort gibt es ein Suchfeld oben rechts, in das man „Wiederherstellungslaufwerk erstellen" einträgt.

Was kann man vorher tun, damit alles glattläuft?

Vor allem sollte man das System so weit wie möglich in Ordnung bringen. Bereits vorhandene Probleme, die man in die neue Windows-Installation mitschleppt, können nämlich viel Ärger verursachen. Zu diesem Zweck befindet sich eine „Leistungsüberwachung" an Bord. Um sie zu starten, gibt man in das Windows-Suchfeld oder den „Ausführen"-Dialog den Befehl „perfmon /report" (ohne Anführungszeichen, mit Leerzeichen vor „/report") ein. Systemdateien, Festplatten, Antwortzeiten und einiges mehr werden nun einem Check unterworfen, Windows erstattet danach detailliert Bericht. Entscheidend sind hier fehlende Treiber, die zu Stolpersteinen werden können. Auch allzu leistungshungrige Programme, die zudem für das Update benötigten Speicherplatz belegen können, lassen sich so ausfindig machen.

Wie bringt man die Treiber auf den neusten Stand?

Treiber können über den „Geräte-Manager" aktualisiert werden, der ebenfalls über das Windows-Suchfeld aufgerufen werden kann. Dort sucht man dann das betreffende Gerät in der Liste. Um alle Geräte anzuzeigen, muss man unter Umständen auf den kleinen Pfeil links neben einem Eintrag klicken. Ein Doppelklick öffnet den „Eigenschaften"-Dialog. Unter „Allgemein" und „Gerätestatus" findet sich eine kurze Zustandsbeschreibung. Im Register „Treiber" sucht man über „Treiber aktualisieren" nach neuen Treibern, indem man den Anweisungen auf dem Bildschirm folgt. Wer überfordert ist, kann dafür Programme wie „Driver Updater" oder „Driver Booster" einsetzen.

Wie schafft man Platz und Ordnung auf der Festplatte?

Das Entfernen von Programmresten sowie von Software, die man nicht mehr braucht, kann man in der Systemsteuerung über „Programme" und „Programme und Features" organisieren. In neueren Windows-Versionen finden sich entsprechende Funktionen auch in den Einstellungen im Bereich „Apps". Hilfestellung bieten bei Bedarf Programme wie der „IObit Uninstaller". Für den Großputz gibt es Software wie den bewährten „CCleaner", der einem viel Sucherei erspart und Softwareleichen ausfindig macht. Schließlich empfiehlt sich eine Überprüfung des „Systemdatenträgers", auf dem Windows installiert ist. Dazu klickt man im Windows Explorer mit rechts auf den Eintrag „Lokaler Datenträger (C:)" in der linken Spalte und wählt „Eigenschaften". Danach klickt man im Tab „Tools" auf „Prüfen", um diesen Bereich der Festplatte auf Fehler hin zu untersuchen, und danach auf „Laufwerke optimieren und defragmentieren".

Wie vermeidet man Ärger mit der Sicherheitssoftware?

Insbesondere Antiviren-Programme haben in der Vergangenheit für Probleme bei Windows-Updates gesorgt. Zunächst kann man auf der Seite des Herstellers schauen, ob es bekannte Probleme mit Updates gibt oder die Sicherheitssoftware aktualisiert werden muss. Direkt vor dem Update sollte man Virenscanner und Firewall ausschalten. Nach erfolgreichem Update kann man sie dann wieder aktivieren. Für Nutzer des Windows Defender entfallen diese Maßnahmen.

Was ist nach dem Update zu tun?

Ist das Update unfallfrei über die Bühne gegangen, sollte man prüfen, ob alles noch so funktioniert, wie es soll. Denn Funktions-Updates lassen sich nur zehn Tage lang rückgängig machen. Das geht in den „Einstellungen" über „Update und Sicherheit" und „Wiederherstellung". Dort klickt man unter „Zur vorigen Version von Windows 10 zurückkehren" auf „Los geht's". Die vorige Installation befindet sich in Form einer Sicherungskopie des alten Systems unter dem Dateinamen „Windows.old", die ansonsten automatisch gelöscht wird. Und schließlich ist es immer eine gute Idee, selbst ein regelmäßiges Back-up auf einem externen Datenträger zu machen.

Tools und Infos

- „EaseUS Todo Backup Free": www.easeus.de/backup-software/todo-backup-free.html
- HDClone: https://www.miray.de/de/products/sat.hdclone.html
- iDrive: www.idrive.com/de
- DriveImage XML: http://www.datenrettung-etc.de/driveimage-xml.htm

Treiberupdates

- Driver Updater: www.ashampoo.com
- IObit Driver Booster und Uninstaller: www.iobit.com/

Systemreinigung

- CCleaner: https://www.ccleaner.com/de-de

Weiterführende Infoseiten von Microsoft

- Alle Windows-Updates im Überblick: https://support.microsoft.com/de-de/help/4464619/windows-10-update-history
- Update-Assistent: https://support.microsoft.com/de-de/help/3159635/windows-10-update-assistant
- Windows-Updates zum Herunterladen, um sie von einem Datenträger zu installieren (Windows Media Creation Tool): www.microsoft.com/de-de/software-download/windows10
- Externe Überprüfung des Rechners auf defekte Systemdateien: https://support.microsoft.com/de-de/kb/929833
- Rücksetzen einzelner Update-Komponenten bei Problemen und Inkompatibilitäten: https://support.microsoft.com/de-de/kb/971058
- Fehlerbehandlung: https://docs.microsoft.com/de-de/windows/deployment/update/windows-update-troubleshooting

Windows 11 kennenlernen

Entdecken Sie neue Funktionen und finden Sie alte wieder.

1 Papierkorb
2 Taskleiste
3 Start-Button/Startmenü
4 Suchfunktion
5 Task-View/Virtuelle Desktops
6 Teams
7 Datei-Explorer
8 Microsoft Store
9 Mail
10 Edge
11 Einstellungen
12 Überlauf (ausgeblendete Symbole, OneDrive, WLAN/Netzwerk, Lautstärke)
13 Funktionsleiste
14 Benachrichtigungen
15 Optionales Zusatzprogramm (PC-Manager), Widgets

Die Startseite (Desktop)

Das Erste, das Sie nach der Anmeldung zu sehen bekommen, ist die Windows-Startseite beziehungsweise der „Desktop“. Wie gewohnt finden Sie darauf die Symbole (auch „Icons“ genannt), über die Sie per Doppelklick zu Ihren installierten Programmen gelangen. Es ist nicht Neues, sollte aber doch immer wieder in Erinnerung gerufen werden: Es handelt sich bei den Icons fast immer um „Verknüpfungen“, also nicht um die wirklichen Programme, sondern lediglich um Abkürzungen dorthin. Löschen Sie eine Verknüpfung, bleibt das Programm dennoch nach wie vor auf dem Rechner. Icons werden ähnlich wie bei Smartphones bei der Installation eines Programms recht beliebig auf den Desktop gestreut. Früher oder später geht da zwangsläufig die Übersicht verloren. Dieser alten Windows-Krankheit können Sie mit ein paar Tricks beikommen, die Ihnen helfen, Ihre Icons, Ordner und Dateien übersichtlicher anzuordnen. Lesen Sie dazu das Kapitel „Den Desktop clever nutzen“ (► Seite 189f).

Der Papierkorb

Standardmäßig auf dem Desktop platziert ist auch der Papierkorb (1), der sich im Laufe der Zeit in einigen Punkten verändert hat. Darin landen, auch das kennen Sie von älteren Windows-Versionen, gelöschte Dateien. Klicken Sie mit der rechten Maustaste darauf, um das Kontextmenü anzeigen zu lassen. Dort finden Sie diverse Optionen, deren genaue Zusammenstellung davon abhängig ist, welche Programme Sie auf Ihrem PC installiert haben.

Klicken Sie auf „Öffnen“, um den Inhalt anzuzeigen (alternativ führen Sie einen Doppellinksklick auf das „Papierkorb“-Icon aus). Nun wird Ihnen der Inhalt im „Datei-

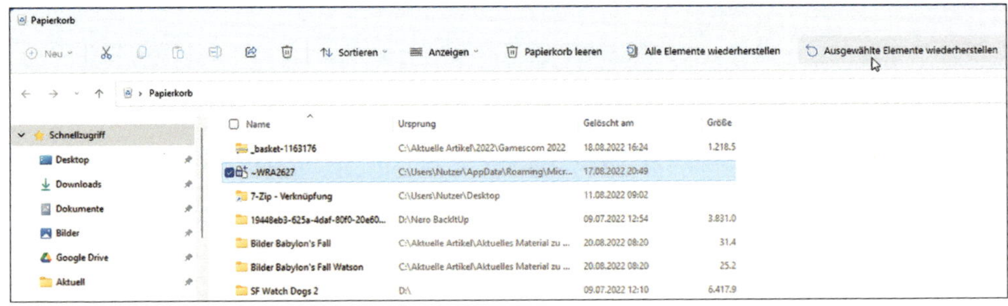

Explorer" (siehe dazu Kapitel „Der Datei Explorer", ► Seite 108ff) angezeigt. Dort befindet er sich im Bereich „Schnellzugriff" (siehe dazu Kapitel „Schnellzugriff", ► Seite 195ff). Klicken Sie auf eine Datei oder einen Ordner, die Sie wiederherstellen wollen, und dann oben rechts auf „Ausgewählte Elemente wiederherstellen", beispielsweise um eine versehentlich gelöschte Datei (oder einen Ordner) wieder aus der Versenkung zu holen.

Klicken Sie im Kontextmenü auf „Papierkorb leeren", um die darin enthaltenen Elemente endgültig verschwinden zu lassen. Das sollten Sie regelmäßig tun, denn natürlich können auch andere Nutzer Ihren Papierkorb wie oben beschrieben öffnen und Dateien wiederherstellen. Wichtig zu wissen ist im Sinne des Datenschutzes auch, dass sich auch aus dem Papierkorb gelöschte Inhalte recht einfach wiederherstellen lassen, beispielsweise durch entsprechende Programme wie „Power Data Recovery". Möchten Sie umgekehrt sicherstellen, dass Dateien tatsächlich für immer von der Bildfläche verschwinden, so gibt es dafür ebenfalls Programme wie etwa „CCleaner".

Die Taskleiste

Die Taskleiste (2) befindet sich weiterhin am unteren Bildschirmrand. Dort muss sie auch bleiben, denn leider lässt sie sich nicht mehr wie noch in Windows 10 an die Ränder des Bildschirms verschieben. Hier hat sich unter Windows 11 einiges geändert, nicht nur die Position der Icons in der Mitte der Taskleiste. Dessen ungeachtet stellt sie nach wie vor ein unverzichtbares Werkzeug der täglichen Arbeit dar, da sie dabei hilft, Wege abzukürzen und oft genutzte Funktionen schnell zu finden. Sie können die Taskleiste so anpassen, dass sie Ihren Bedürfnissen so weit wie möglich entgegenkommt. Lesen Sie mehr dazu im Kapitel „Windows 11 personalisieren: Taskleiste anpassen" (► Seite 147ff).

Start-Button und Startmenü

Die Zentrierung der wichtigsten Bedienelemente in der Mitte der Taskleiste gehört zu den Dingen, an die man sich bei Windows 11 gewöhnen muss. Den Start-Button (3) sucht man automatisch immer ganz links, nun ist er ein paar Zentimeter nach rechts gerückt. Das Startmenü enthält nur noch zwei Bereiche, „Angepinnt" und „Empfohlen" (► Seite 98). Klicken Sie oben rechts auf „Alle Apps", dann mit der rechten Maustaste auf eine App und wählen „An Start anheften", um sie der Vorauswahl hinzuzufügen. Das Verzeichnis ist allerdings umfangreicher, als es aussieht, mit dem Mausrad verschiebt man die Ansicht bei Bedarf nach unten oder oben. „Empfohlen" zeigt kürzlich benutzte Apps und Dateien, zu denen Sie mit einem Klick springen können. Wenn nötig klickt man mit rechts auf einen Eintrag und dann auf „Aus Liste entfernen". Neu in Windows 11 ist die Möglichkeit, Apps im Startmenü zu Gruppen zusammenzufassen. Lesen Sie dazu das Kapitel „Windows 11 personalisieren: Startmenü anpassen" (► Seite 143ff).

Suchbegriff hier eingeben

Angepinnt

Alle Apps >

Edge

Word

Excel

PowerPoint

Mail

Kalender

Microsoft Store

Fotos

Einstellungen

OneNote

Rechner

Alarm & Uhr

Editor

Paint

Explorer

Filme & TV

Tipps

Empfohlen

Mehr >

Google Drive
Zuletzt hinzugefügt

Diktat_1
vor 3m

Installation
vor 15m

Datenschutz_3
vor 32m

Datenschutz_2
vor 35m

Datenschutz_1
vor 37m

Steffen Haubner

Klicken Sie mit rechts auf den Startbutton, erscheint wie gewohnt ein praktisches Kontextmenü, das nur etwas übersichtlicher gestaltet wurde. Dort finden Sie folgende Funktionen:

- **Installierte Apps** führt Sie direkt in den Bereich „Installierte Apps" in den „Einstellungen".
- **Mobilitätscenter**. Ein Menü, in dem Sie Helligkeit und Lautstärke anpassen, Ihren Akkustatus überprüfen und die Energieeinstellungen anpassen sowie externe Monitore verwalten können. Ferner können Sie Ihre „Synchronisierungspartnerschaften" verwalten. Windows kann bestimmte Einstellungen sichern und beispielsweise Apps auf neuen Geräten wiederherstellen. Um die Windows-Sicherung zu aktivieren und Ihre Sicherungseinstellungen auszuwählen, wählen Sie „Start", „Einstellungen", „Konten", „Windows-Sicherung".

- **Energieoptionen** führt Sie in den Bereich „System“, „Strom und Akku“ in den „Einstellungen“.
- **Ereignisanzeige** öffnet eine Windows-Funktion, in der Sie Überwachungs- und Problembehandlungsmeldungen einsehen und bearbeiten können. Für fortgeschrittene Anwender!
- **System** führt Sie in den Bereich „System“, „Info“ in den „Einstellungen“.
- **Geräte-Manager.** Eine wichtige Funktion zum Verwalten von Hardwarekomponenten, die sich noch in der klassischen Systemsteuerung von Windows befindet.
- **Netzwerkverbindungen** führt Sie in den Bereich „Netzwerk und Internet“ in den „Einstellungen“.
- **Datenträgerverwaltung** zeigt Ihre internen und externen Festplatten und deren Partitionen, also Laufwerke im weitesten Sinne, an. Hier können Sie auch Partitionen verändern oder löschen. Für fortgeschrittene Anwender!
- **Computerverwaltung** bietet vielfältige Verwaltungsoptionen für Aufgaben, Ordner, Leistungsoptimierung und Datenspeicher. Für fortgeschrittene Nutzer!
- **Terminal und Terminal (Administrator).** Unter Windows 11 hat Microsoft verschiedene Schnittstellen zur textbasierten Kommunikation zwischen Mensch und Maschine wie „Shell“ oder „PowerShell“ zusammengeführt. Mit den richtigen Befehlen kann man hier zentrale Analyse- und Verwaltungsaufgaben durchführen. Für fortgeschrittene Anwender!
- **Task-Manager** ist ein äußerst nützliches Tool unter anderem für die Leistungsanalyse. Lesen Sie dazu mehr im Kapitel „Task-Manager“.
- **Einstellungen** führt Sie – nicht überraschend – direkt in die „Einstellungen“.
- **Explorer** öffnet den Datei-Explorer (ehemals „Windows Explorer“).
- **Suchen** öffnet den Suchen-Dialog von Windows.

- **Ausführen** öffnet „Shell", eines der wohl nach und nach von „Terminal" abgelösten textbasierten Eingabesysteme.
- **Herunterfahren oder abmelden** bietet eine schnell erreichbare Variante des Ein/Aus-Schalters.
- **Desktop** bietet eine durchaus interessante Funktion, mit der Sie aus jeglicher Arbeitssituation heraus auf den Desktop wechseln können. Klicken Sie erneut auf den Eintrag, kehren Sie zu der jeweiligen Arbeitssituation zurück.

Sie sehen: Das Kontextmenü des Start-Buttons ist in erster Linie eine Möglichkeit, schnell und unkompliziert auf unterschiedliche Bereiche und Funktionen zuzugreifen, ohne sich die sonst dazu nötigen Wege durch unterschiedliche Menüs merken zu müssen. Sie sollten allerdings beachten, dass das Kontextmenü ständigen Veränderungen unterworfen ist. Es kann also durchaus sein, dass Sie einzelne der hier aufgeführten Einträge auf Ihrem PC noch nicht oder nicht mehr finden und dafür neue Einträge hinzugekommen sind.

Suchfunktion

Microsoft ist bei Windows 11 sichtlich um Übersichtlichkeit bemüht. Für die Suchfunktion (4) scheint das aber nicht zu gelten, denn die ist ziemlich wahllos über die Benutzeroberfläche verteilt: Es gibt das Suchsymbol in der Taskleiste, ein Suchfeld, das sich öffnet, wenn man mit der Maus über das Suchsymbol fährt, ein Suchfeld oben im Startmenü sowie ein weiteres oben im neuen Widgets-Fenster. Die drei erstgenannten durchsuchen Ihren PC, das letztgenannte nur das Internet mit Hilfe der Suchmaschine Bing. Hierzu mehr im Kapitel „Widgets" (► Seite 115 und 150ff). Positiv ausgedrückt: Man hat praktisch überall schnell Zugang zur Suchfunktion.

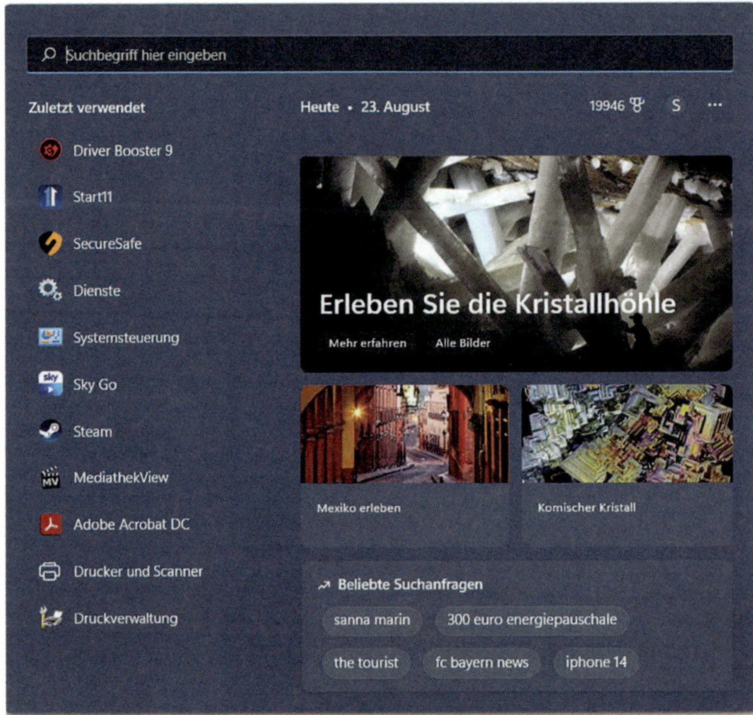

Bleiben wir bei der Suche, die über das Suchsymbol oder das Suchfeld im Startmenü angeschoben wird: Es ist exakt die gleiche Funktion! Immer öffnet sich ein Fenster, das links zuletzt verwendete Anwendungen auflistet, die über diese Liste schnell erreichbar sind, rechts von Microsoft nach ziemlich undurchsichtigen Kriterien ausgewählte Web-Inhalte anzeigt und schließlich oben ein Eingabefeld bereitstellt, über das Sie Ihre Suche starten können. Geben Sie ein Stichwort ein, werden bereits während der Eingabe relevante Anwendungen, Festplatten- und Web-Inhalte und einiges mehr angezeigt.

In der Leiste unter dem Suchfeld können Sie die Ergebnisse filtern nach Apps, Dokumenten, Web-Inhalten oder (über „Mehr“) nach bestimmten Medien wie „Fotos“ oder

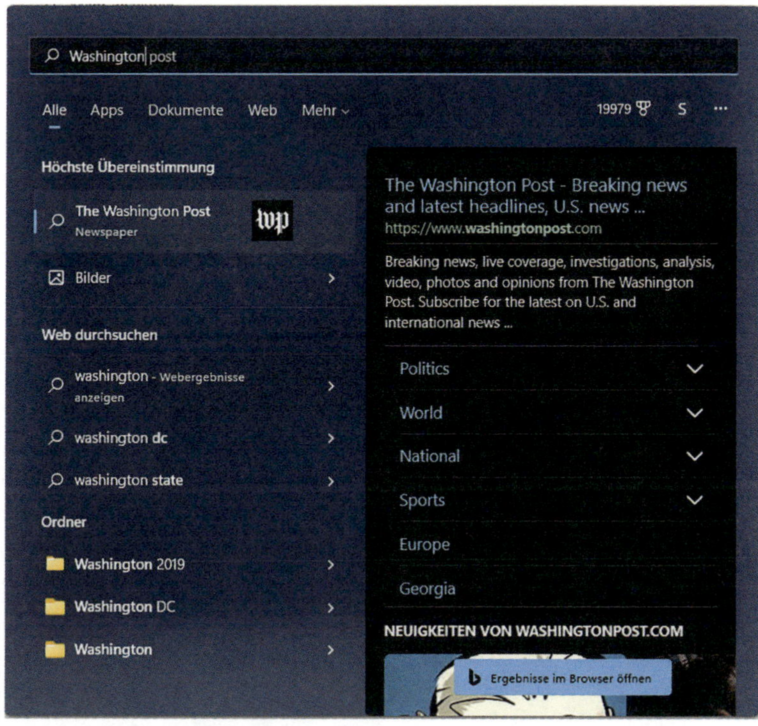

„Musik". Rein funktional betrachtet ist die Funktion ganz hilfreich, inhaltlich taugt sie aber nicht allzu viel. So findet die Eingabe „Washington" beispielsweise zwar zuverlässig auf der eigenen Festplatte gespeicherte Ordner mit Fotos und Reiseunterlagen, die Websuche besteht aber darauf, die Sucheingabe durch „post" zu ergänzen, weshalb dann eben auch nur die Tageszeitung „Washington Post" zur Auswahl steht. Um mehr zu finden, klicken Sie unter „Web durchsuchen" auf „washington – Webergebnisse anzeigen" oder einen der anderen Vorschläge. Noch schlimmer wird es bei Eingabe von „New York". Statt zur Ostküsten-Metropole führt das nach automatischer Ergänzung von „er" zu einem Modelabel, das vermutlich einen Werbevertrag mit Microsoft hat.

Suche und Datenschutz

Rechts unterhalb des Suchfeldes sehen Sie drei waagrechte Punkte. Klicken Sie darauf, werden Ihnen die Links „Sucheinstellungen" und „Indizierungsoptionen" angezeigt.

- Die „Sucheinstellungen" führen in den Bereich „Datenschutz und Sicherheit"/„Suchberechtigungen" in den „Einstellungen". Unter „SafeSearch" können Sie nicht jugendfreie Inhalte aus Ihren Suchergebnissen filtern. „Cloudinhalte durchsuchen" betrifft die Personalisierung von Suchinhalten, die Sie aus Datenschutzgründen unterbinden können. Unter „Verlauf" können Sie Ihren Suchverlauf auf Ihrem Gerät bei Bedarf löschen. Unter „Suchverlauf in der Cloud" finden Sie einen Link zum „Datenschutz Dashboard". Dort können Sie online Ihre Datenschutzeinstellungen für Ihr Microsoftkonto anpassen. Bei „Einstellungen für den Bing-Suchverlauf" können Sie Ihren Suchverlauf einsehen, verwalten oder löschen.
- Die „Indizierungsoptionen" beziehen sich auf die Inhalte Ihrer Festplatte. Hier können Sie beispielsweise einzelne Ordner gezielt von der Einbeziehung in die Suchergebnisse ausschließen.

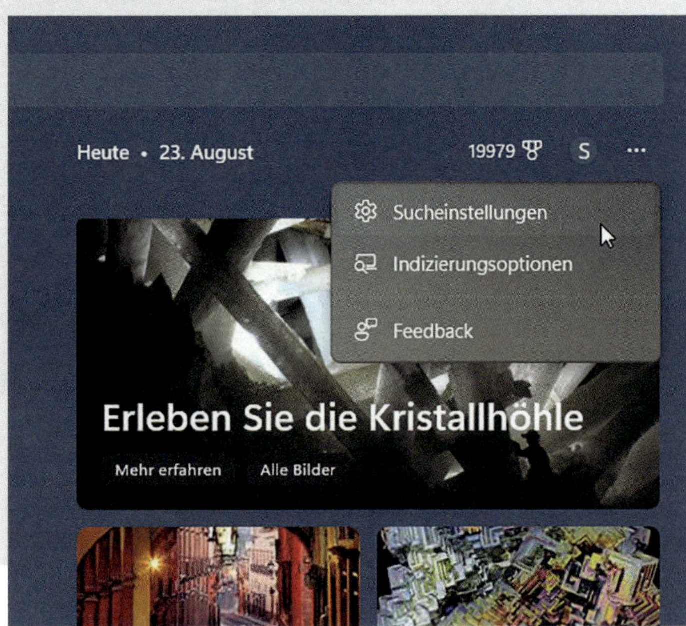

Wie kann ich die Suche verbessern?

Gehen Sie wie oben beschrieben in die „Einstellungen für den Bing-Suchverlauf". Klicken Sie oben links auf das Register „Meine Interessen" und dort auf „Interessen hinzufügen". Klicken Sie dann oben rechts auf das Zahnradsymbol und aktivieren Sie die Option „Personalisierte Inhalte und aktuelle Informationen auf Grundlage meiner Interessen erhalten". Denken Sie aber daran, dass diese Einstellung auch insofern datenschutzrechtliche Konsequenzen hat, als Sie Microsoft damit gestatten, Ihre Interessen zu erfassen und zu speichern! Weitere Informationen zum Thema Datenschutz finden Sie im Kapitel „Datenschutz" (► Seite 65ff).

Task-View/Virtuelle Desktops

Der Begriff hört sich zugegebenermaßen etwas abschreckend an. Das Prinzip der „virtuellen Desktops" ist aber im Grunde ganz einfach und hilft, mehr Ordnung zu schaffen, wenn man viele Programme und Fenster geöffnet hat. In Windows 11 wurde die Funktion ausgebaut, lässt sich zugleich aber auch einfacher bedienen. Man sollte sich wirklich angewöhnen, mehr damit zu arbeiten, denn das erleichtert die tägliche Arbeit ungemein!

Fahren Sie mit dem Mauszeiger über das Task-View-Symbol (5) in der Taskleiste – ein dunkelgraues Quadrat, das von einem transparenten weißen Quadrat überlagert wird. Nun sehen Sie sämtliche aktuell geöffnete Anwendungen in einer Fensterübersicht. Klicken Sie auf eines der Fenster, um direkt in die Anwendung zu springen, oder klicken Sie oben rechts auf das X, um die Anwendung zu schließen.

Klicken Sie in der unteren Reihe mit Fenstern auf „Neuer Desktop". Nun haben Sie praktisch ein Duplikat Ihres Desktops erzeugt – nur ohne geöffnete Anwendungen (► Seite 106). Fenster und Programme, die Sie in dem neuen Desktop öffnen, erscheinen

nicht in den anderen Desktops. So können Sie schnell neue Arbeitsumgebungen schaffen und zwischen ihnen wechseln. Mit einem Rechtsklick auf einen Desktop können Sie ihm einen eigenen Namen geben und den Hintergrund ändern, damit Sie sie besser unterscheiden können.

Die Reihenfolge der Desktops lässt sich beliebig ändern, indem Sie einen davon mit links anklicken, die Maustaste gedrückt lassen und das Fenster an die gewünschte Position ziehen.

Alternativ zur „Task-View"-Schaltfläche in der Taskleiste können Sie die Task-View-Übersicht samt den virtuellen Desktops auch mit der Tastenkombination „Windows-Taste + Tab" öffnen, den gewünschten Desktop auswählen und auf diese Weise auch wieder zu Ihrem ursprünglichen Desktop mit den dort geöffneten Anwendungen zurückkehren. Und falls Sie die Timeline aus Windows 10 suchen: Die hat Microsoft ersatzlos gestrichen!

Teams

Für einen kleinen Plausch ist in der Taskleiste nun ein Teams-Button (6) fest verankert. Beim ersten Start meldet man sich mit dem persönlichen Microsoft-Konto an. Über Besprechung und „Eine Besprechung jetzt beginnen" können Sie eine Konversation mit einem Ihrer Kontakte direkt aus dem Fenster starten.

Über „Microsoft Teams öffnen" ganz unten im Fenster startet man die Teams-Desktop-App. Hier nehmen Sie auch grundlegende Einstellungen vor und importieren Kontakte aus anderen Diensten und Messengern. Mehr dazu im Kapitel „Weitere Programme und Funktionen in Windows 11" (► Seite 155ff).

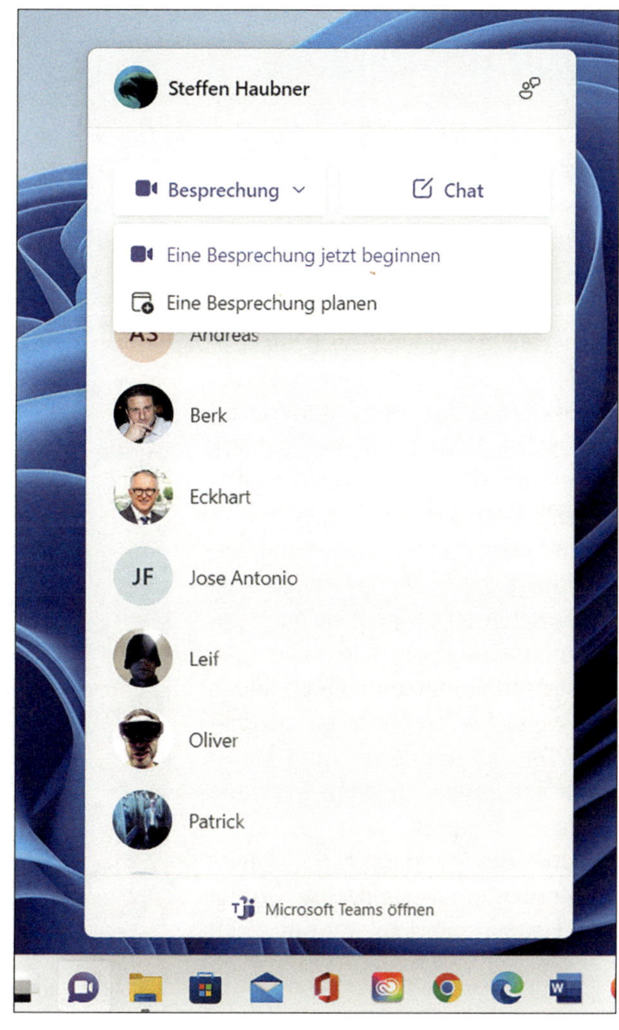

Der Datei-Explorer

Wie unter Windows 10 verbirgt sich der Datei-Explorer (7) hinter dem gelben Karteiregister-Icon, das sich standardmäßig in der Taskleiste (► Seite 97) befinden sollte. Tut es das nicht, klicken Sie auf den Windows-Button, suchen das Explorer-Icon und klicken Sie mit rechts darauf. Wählen Sie im Kontextmenü den Eintrag „An Taskleiste anheften".

Beim ersten Öffnen des neuen Datei-Explorers bekommt man erst einmal einen Schreck: Die „Ribbon"-Menüleisten sind verschwunden. Am oberen Fensterrand finden sich nur noch wenige Optionen. Doch der Schein trügt. So bietet die Schaltfläche „Neu" oben links die Möglichkeit, direkt im markierten Verzeichnis Ordner und Dateien zu erstellen. Das Ausklapp-Menü „Weitere Infos" (die drei Punkte oben rechts) enthält Optionen für Verzeichnisse, Ordner oder Dateien. Man kann Verzeichnisse bereinigen, Ordner über „Eigenschaften" freigeben oder Dateien komprimieren. Alles, was man sonst noch vermissen könnte, finden Sie, wenn Sie Verzeichnisse, Ordner oder Dateien mit der rechten Maustaste anklicken und dann „Weitere Optionen anzeigen" wählen.

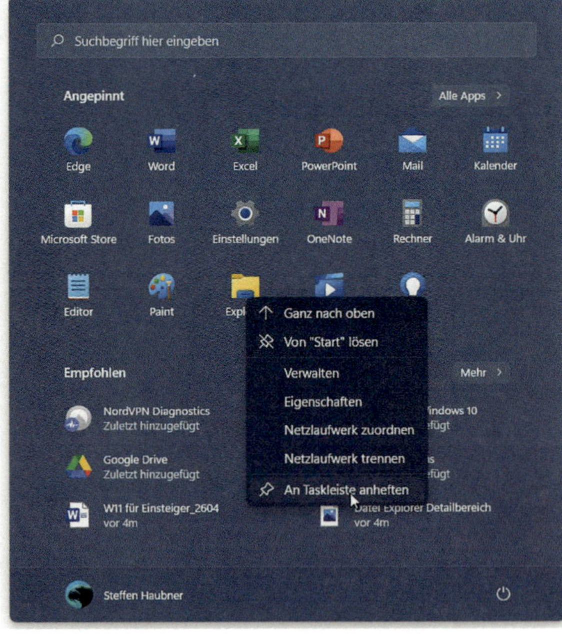

Über das Ausklappmenü können Sie festlegen, wie einzelne Ordner und Elemente im Explorer angezeigt

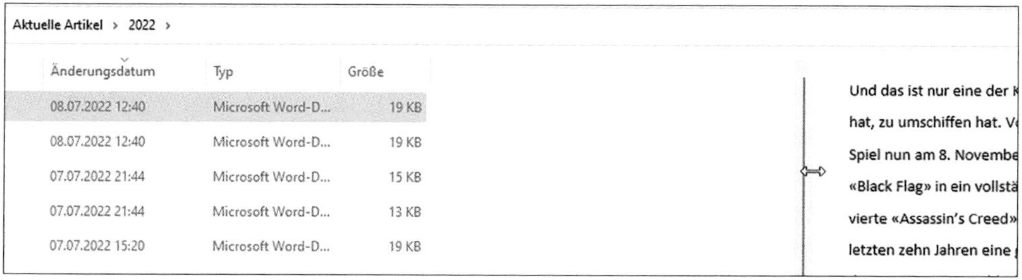

Aktuelle Artikel › 2022 ›

Änderungsdatum	Typ	Größe
08.07.2022 12:40	Microsoft Word-D...	19 KB
08.07.2022 12:40	Microsoft Word-D...	19 KB
07.07.2022 21:44	Microsoft Word-D...	15 KB
07.07.2022 21:44	Microsoft Word-D...	13 KB
07.07.2022 15:20	Microsoft Word-D...	19 KB

Und das ist nur eine der
hat, zu umschiffen hat. V
Spiel nun am 8. Novemb
«Black Flag» in ein vollst
vierte «Assassin's Creed»
letzten zehn Jahren eine

werden sollen. Klicken Sie dazu auf „Anzeigen" und spielen Sie ein bisschen mit den Möglichkeiten, um herauszufinden, was für Sie am besten funktioniert. Sie können ja alles jederzeit wieder ändern. Mit „Große Symbole" etwa verwandeln sich die mehr oder minder aussagekräftigen Datei-Symbole in Vorschau-Bilder, die aber nicht so groß sind, dass die Übersicht verloren geht.

Gehen Sie dann unten auf „Einblenden", um die Informationen anzupassen, die zu jedem Ordner und jeder Datei angezeigt werden sollen. Standardmäßig ist alles bis auf den „Navigationsbereich" (der Ordnerbaum ganz links) deaktiviert – kein Wunder also, dass der Explorer anfangs so kahl daherkommt. Elementar ist das „Vorschaufenster", das Ihnen – wie der Name schon sagt – eine Vorschau auf den Inhalt der Datei gibt, die Sie im Dateiverzeichnis (rechts neben dem Ordnerbaum) angewählt haben. Die Vorschau ist standardmäßig sehr weit an den rechten Rand gerückt. Fahren Sie mit dem Mauszeiger über den Rand zwischen den Bereichen, bis sich der Pfeil in einen Doppelpfeil verwandelt.

Klicken Sie mit der linken Maustaste auf den Rand und ziehen Sie ihn mit gedrückter Maustaste so weit nach links, wie es für Sie sinnvoll erscheint.

Mehr dazu im Kapitel „Systempflege: Den Datei-Explorer richtig nutzen" (► Seite 190ff).

Microsoft Store

Apple hat damit angefangen, Google wurde damit reich. Inzwischen hat auch Windows eine eigene Verkaufsplattform für Apps, den „Microsoft Store". Bislang wurde er nicht so recht angenommen, doch unserer Meinung nach ist er besser als sein Ruf. Das Store-Icon (8), eine Einkaufstasche mit Windows-Logo, findet sich in der Taskleiste sowie im Startmenü, lässt sich dort aber bei Bedarf mit einem Rechtsklick und Auswahl des entsprechenden Befehls im Kontextmenü lösen.

Bezahlen im Microsoft Store

Bevor Sie im Store auf App-Shopping-Tour gehen können, müssen Sie Ihr Microsoft-Konto mit einem gültigen Zahlungsmittel verknüpfen. Das können Sie online unter https://login.live.com tun oder unter https://account.microsoft.com, wo Sie zusätzliche Informationen zum Microsoft-Konto erhalten. Loggen Sie sich mit Ihrem Microsoft-Passwort ein und klicken Sie im oberen Menüband auf „Zahlung und Abrechnung". Sie gelangen zunächst zur Rechnungsübersicht Ihrer letzten Einkäufe. Auch Gratis-Apps erscheinen als „Kauf". Um ein Zahlungsmittel hinzuzufügen, klicken Sie oben auf „Zahlungsoptionen" oder unten auf den Link „Zahlungsoptionen anzeigen". Klicken Sie dann auf „Zahlungsoption hinzufügen", wählen Sie die gewünschte Zahlungsart und geben Sie die dazugehörigen Daten ein. Microsoft akzeptiert Kreditkarten von MasterCard, Visa und American Express, SEPA-Lastschriften und PayPal. Beim Hinzufügen einer Zahlungsoption für den Microsoft Store müssen Sie außerdem Ihre Adresse und Telefonnummer hinterlegen.

Die Zahlungsoption ist nun mit Ihrem Microsoft-Konto verknüpft und Sie können sowohl in der App als auch unter www.microsoftstore.com einkaufen. Dort können Sie auch andere Microsoft-Produkte wie die Bürosoftware-Suite Office, Surface-PCs, Xbox-Spielkonsolen und Geschenkgutscheine erwerben. Unter „Filme & TV" können Sie inzwischen sogar Filme und Serien ausleihen oder kaufen und diese dann direkt auf Ihrem PC anschauen.

Geschenkgutscheine einlösen

Gutscheine (Guthabenkarten) für den Microsoft Store kann man im Fachhandel oder online kaufen. Klicken Sie dazu unter www. microsoftstore.com auf „Kaufen" und gehen Sie ganz rechts zum Bereich „Guthabenkarten". Wenn Sie sich wie oben beschrieben in Ihr Microsoft-Konto eingeloggt haben und sich im Bereich „Zahlungsoptionen" befinden, klicken Sie auf die Schaltfläche „Microsoft-Konto". Dort wird auch Ihr derzeitiges Guthaben angezeigt. Klicken Sie dann auf den Link „Geschenkgutschein einlösen". Geben Sie nun Ihren 25-stelligen Gutscheincode ein und folgen Sie den Bildschirmanweisungen. Nach erfolgter Transaktion wird der Betrag Ihrem Konto gutgeschrieben.

Mail-App

Windows 11 verfügt über eine vorinstallierte Mail-App (9), die standardmäßig an das Startmenü und die Taskleiste angeheftet ist. Tatsächlich verbirgt sich dahinter Microsofts Mail-Dienst Outlook.com, nicht zu Verwechseln mit dem Office-Programm Outlook, für das Sie ein Office-365-Abo brauchen. Outlook.com ist natürlich an Ihr Microsoft-Konto gebunden, Sie können darüber aber auch all Ihre anderen Mail-Konten verwalten. Ob das für Sie sinnvoll ist, müssen Sie selbst entscheiden. Wenn Ihnen das Prinzip „keep it simple" einleuchtet, können Sie die Mail natürlich benutzten. Richten Sie Ihre Mail-Konten dann aber lieber online unter https://outlook.live.com/mail/0/ ein. Ein Vorteil der Mail-App ist außerdem, dass der Mail-Eingang von der Windows Such-Funktion mit berücksichtigt wird.

Wir würden eher dazu tendieren, einen vollwertigen Mail-Client (ein auf dem PC installiertes Mail-Programm) zu benutzen, denn die Mail-App ist funktional doch sehr beschränkt. Greifen Sie also besser auf Outlook oder das kostenlose Thunderbird (www.thunderbird.net/de/) zurück. Auch Foxmail (www.foxmail.com/win/en/) oder Postbox (www.postbox-inc.com/) sind einen Blick wert. Oder Sie verzichten ganz auf einen Mail-Client und loggen sich direkt auf den Mail-Server Ihres Internet- und Mail-Providers ein, um Ihre elektronische Post zu verwalten. Das funktioniert aber natürlich nur, wenn Sie eine ständige Internetverbindung haben. Vermutlich machen Sie das ja auch bereits mit Ihren Google-Mails so, sofern Sie Gmail benutzen und Ihre Post direkt im Browser aufrufen, schreiben und versenden.

Einstellungen

Übersichtlicher präsentieren sich im neuen Windows 11 die Einstellungen (11). Sie sind auch weiterhin mit der Tastenkombination „WIN + I" oder per Rechtsklick auf den Start-Button und „Einstellungen" erreichbar. Über „System" gelangt man schnell zu Windows Update und wichtigen Konten und Abos wie OneDrive und Microsoft 365. Die Sicherheitseinstellungen sind sinnvollerweise in den Bereich „Datenschutz & Sicherheit" gewandert. Dort sollte man öfter mal vorbeischauen, um sich gegen Angriffe und Datenklau zu wappnen.

Funktionsleiste & Benachrichtigungen

Netzwerk-, Energie- und andere wichtige Einstellungen wurden in einem kleinen Block ganz rechts in der Taskleiste zusammengefasst (13). Klicken Sie darauf, können Sie rasch Helligkeit und Lautstärke anpassen, in den Flug- oder Stromsparmodus schalten oder den Netzwerkstatus überprüfen. Über das Stiftsymbol lassen sich Funktionen bei Bedarf entfernen oder hinzufügen. Finden Sie in Ihrer Taskleiste das eine oder andere Icon nicht, klicken Sie mit der rechten Maustaste auf die Taskleiste und wählen Sie „Taskleisteneinstellungen". Auf diese Weise gelangen Sie in die „Einstellungen" und den Bereich „Personalisierung". Unter „Symbole in der Taskleistenecke" können Sie festlegen, was dort enthalten sein soll.

Direkt darunter finden Sie „Überlauf in der Taskleistenecke". Das bezieht sich auf den nach oben weisenden Pfeil im linken Bereich der Taskleistenecke (12). Darüber öffnet man den „Überlauf", also jene Icons, die nicht mehr in die Taskleiste gepasst haben. Wie Sie sehen, können Sie alle Elemente der Taskleiste genau so anpassen, wie es Ihnen am sinnvollsten erscheint.

Der „Benachrichtigungsassistent" öffnet sich, wenn Sie auf die Datum- und Uhrzeitanzeige (14) klicken. Über „Einstellungen Benachrichtigungsassistent" lassen sich die dort angezeigten Inhalte bestimmen. Der „verschwundene" Kalender öffnet sich, wenn Sie auf den kleinen Pfeil rechts neben dem unten angezeigten Datum klicken.

Mitunter findet sich, insbesondere bei Komplettsystemen wie etwa Notebooks, in der äußersten rechten Ecke noch ein weiteres Icon. Dabei handelt es sich um ein Verwaltungsprogramm des Hardware-Herstellers, in unserem Beispiel der „PC-Manager" von Huawei (15).

Praktische Windows-Shortcuts

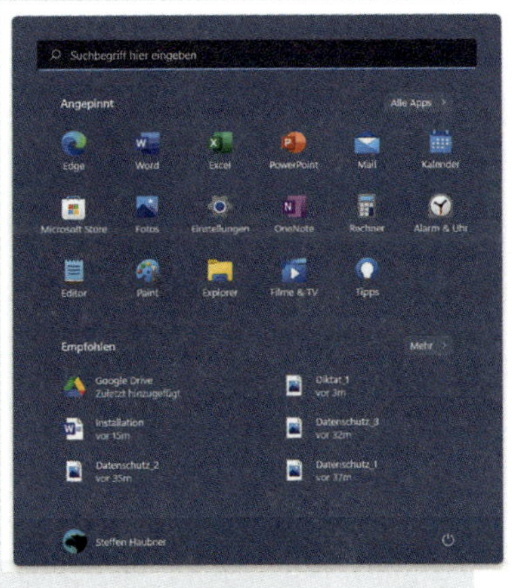

Durch kurzes Drücken der Windows-Taste können Sie jederzeit das Windows-Startmenü öffnen. Halten Sie die Windows-Taste gedrückt, werden Ihnen alle weiteren Steuerungselemente angezeigt, die über diese Taste erreichbar sind, allerdings nur in englischer Sprache. Die Kombinationen der Windows-Taste mit Buchstabentasten (die sogenannten „Shortcuts") erschließen sich dem deutschsprachigen Nutzer nicht unbedingt, da sie sich aus dem Englischen herleiten. Im Nachfolgenden haben wir die wichtigsten Kombinationen für Sie zusammengestellt. Sie können damit Wege verkürzen und sich die Arbeit erheblich erleichtern.

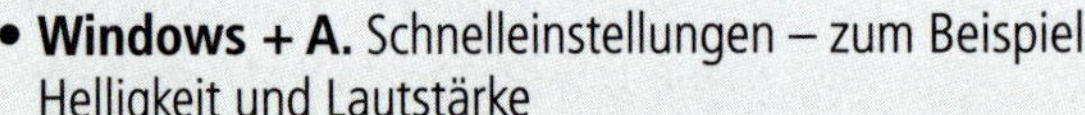

- **Windows + A.** Schnelleinstellungen – zum Beispiel Helligkeit und Lautstärke

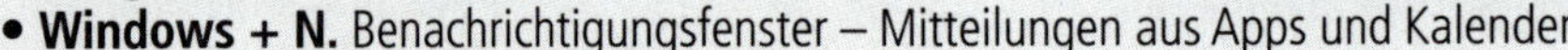

- **Windows + N.** Benachrichtigungsfenster – Mitteilungen aus Apps und Kalender
- **Windows + W.** Widgets (► Seite 115 und 150ff)
- **Windows + Z.** Snap-Assist (► Seite 157f)
- **Windows + I.** Einstellungen
- **Windows + D.** Desktop ein- und ausblenden, zum Beispiel, wenn man viele Fenster geöffnet hat und schnell zum Desktop wechseln möchte
- **Windows + E.** Datei-Explorer öffnen
- **Windows + H.** Diktat-Funktion öffnen
- **Windows + R.** „Ausführen"-Dialog öffnen
- **Windows + S.** Suche öffnen
- **Windows + Tab.** Task-View öffnen (► Seite 105f)

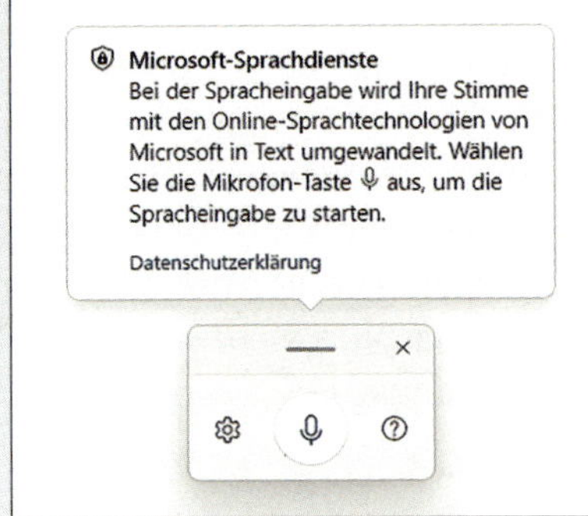

Widgets

Handys haben es vorgemacht, nun gibt es Widgets auch unter Windows (15). Diese sich selbst aktualisierenden Apps und Inhalte könnten in der Zukunft von Windows tatsächlich eine größere Rolle spielen, sind sie doch Infozentrale und App-Interface zugleich. Um sie zu öffnen, müssen Sie nicht einmal klicken, sondern einfach nur mit dem Mauszeiger über die App-Schaltfläche ganz links in der Taskleiste fahren, die standardmäßig das aktuelle Wetter anzeigt.

Lesen Sie mehr zu diesem Thema im Kapitel „Windows 11 personalisieren“ (► Seite 137ff).

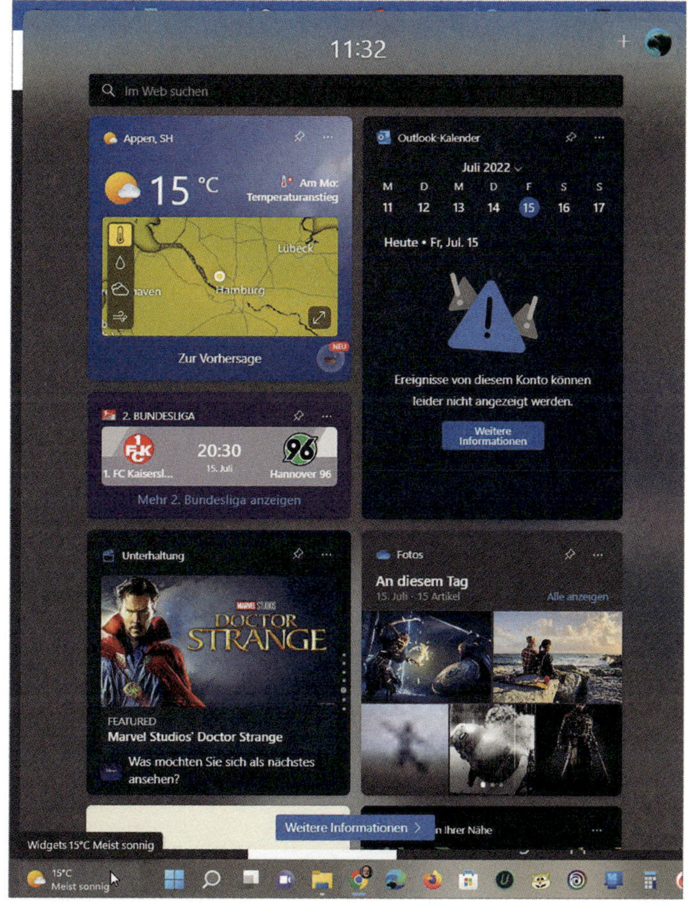

Windows 11 vernetzen

Stellen Sie stabile Verbindungen zum Internet und zu anderen Geräten her.

PC mit dem Internet verbinden

Einer der ersten Schritte unter Windows 11 wird es sein, Ihr Gerät mit einem Netzwerk zu verbinden. Falls Sie ein Upgrade von Windows 7 oder 8.1 gemacht haben, stehen die Chancen gut, dass Sie immer noch mit dem Internet verbunden sind. Falls nicht, müssen Sie folgende Schritte durchführen, um wieder online zu gehen:

- Schließen Sie einen WLAN-Adapter an Ihr Gerät an. Dabei kann es sich um einen USB-Stick handeln, der sich drahtlos in ein WLAN-Netzwerk einbinden lässt. Die allermeisten Notebooks und auch einiges PCs besitzen mittlerweile eine integrierte Netzwerkkarte mit WLAN. Alle notwendigen Einstellungen finden Sie im Bereich „Netzwerk und Internet" in den „Einstellungen". Ist Ihr Gerät bereit fürs drahtlose Netzwerk, wird dort auch der Bereich „WLAN" angezeigt. Sie müssen nur den Schalter auf „Ein" stellen und unter „Verfügbare Netzwerke anzeigen" das Netzwerk suchen, zu dem Sie Zugang haben. Dazu brauchen Sie die Zugangsdaten Ihres Internet-Providers oder erfragen die Zugangsdaten vom Administrator des betreffenden Netzwerkes.

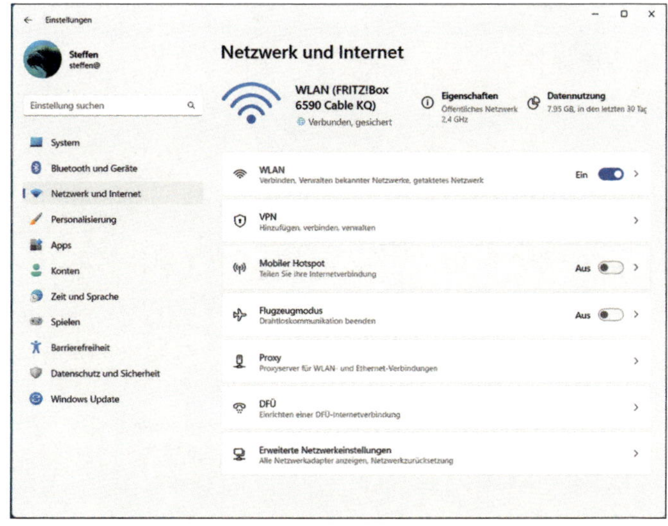

- Sofern Sie eine direkte Verbindung zum Router über ein Ethernet-Kabel (LAN) oder ein Powerline-Netzwerk haben (die Daten werden dabei über das Stromnetz geleitet und über einen speziellen Adapter über die Steckdosen abgerufen), wird die Netzwerkverbindung automatisch hergestellt. Klicken Sie in diesem Fall unten rechts in der Taskleiste auf das Netzwerk-Symbol, um die Verbindung zu überprüfen. Besteht noch keine Verbindung ins Netzwerk, wird über dem Netzwerk-Symbol automatisch ein orangefarbenes Warnsignal eingeblendet. In diesem Fall sollten Sie versuchen, einen passenden Treiber für Ihren Netzwerk-Adapter zu installieren. Alle notwendigen Informationen zur Netzwerkkonfiguration finden Sie in den „Einstellungen" unter „Netzwerk und Internet". Die Konfiguration des Netzwerkadapters können Sie unter „Erweitere Netzwerkeinstellungen" vornehmen.

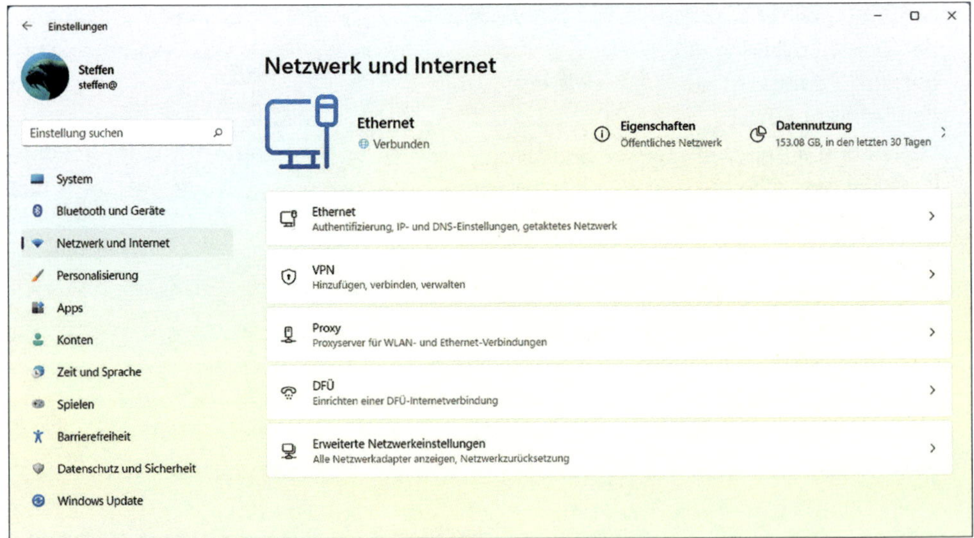

- Klicken Sie auf das Netzwerk-Symbol in der Taskleiste. Dort werden verfügbare Netzwerke angezeigt. Wählen Sie Ihr Netzwerk aus. Wenn Ihr WLAN-Netzwerk geschützt ist (was es auch unbedingt sein sollte), dann müssen Sie nun Ihren persönlichen Netzwerkschlüssel eingeben, der Ihnen von Ihrem Internet-Provider mitgeteilt wurde. Häufig finden Sie den Netzwerkschlüssel auch auf der Unter- oder Rückseite des Routers. Falls der Netzwerkschlüssel tatsächlich auf dem Gerät angegeben ist, sollten Sie ihn im Konfigurationsmenü des Routers aus Sicherheitsgründen schnell ändern.

Router-Konfiguration

Sobald Ihr Windows-PC – ob über Kabel, Powerline-Adapter oder WLAN – mit dem Router verbunden ist, können Sie auf dessen Konfigurationsmenü zugreifen. Das funktioniert über jeden Internetbrowser. Geben Sie einfach die Adresse des Routers in die Adresszeile ein. Sie sollten sie im Handbuch oder, falls nicht vorhanden, nach einer kurzen Recherche im Internet finden. Bei der bekannten FritzBox lautet sie z.B. „http://fritz.box", üblich sind sonst Zahlenkombinationen nach dem Muster „192.168.1.1". Danach müssen Sie in der Regel noch ein Gerätepasswort eingeben, das bei der ersten Einrichtung vergeben wurde. Ab Werk ist das Passwort häufig „0000" oder „admin", was Sie bei nächster Gelegenheit ebenfalls rasch ändern sollten.

Sollten Sie die IP-Adresse Ihres Routers nicht kennen, lässt sie sich unter Windows recht einfach herausfinden. Dazu starten Sie die sogenannte Eingabekonsole. Geben Sie in das Suchfeld der Taskleiste die Buchstabenkombination „cmd" ein. Klicken Sie mit der rechten Maustaste auf das Suchergebnis „Eingabekonsole" und wählen Sie im Kontextmenü „Als Administrator ausführen". In dem sich daraufhin öffnenden Fenster geben

Sie am Ende der Befehlszeile „ipconfig" ein und drücken die Enter-Taste. In der nun angezeigten Übersicht finden Sie die IP-Adresse Ihres Routers unter „Standardgateway".

Verbindung zu Geräten herstellen

Wenn Sie ein neues Peripheriegerät wie etwa einen Drucker anschließen oder in das Netzwerk einbinden wollen, gehen Sie in den „Einstellungen" in den Bereich „Bluetooth und Geräte". Klicken Sie dort auf „Gerät hinzufügen" und „Geräte".

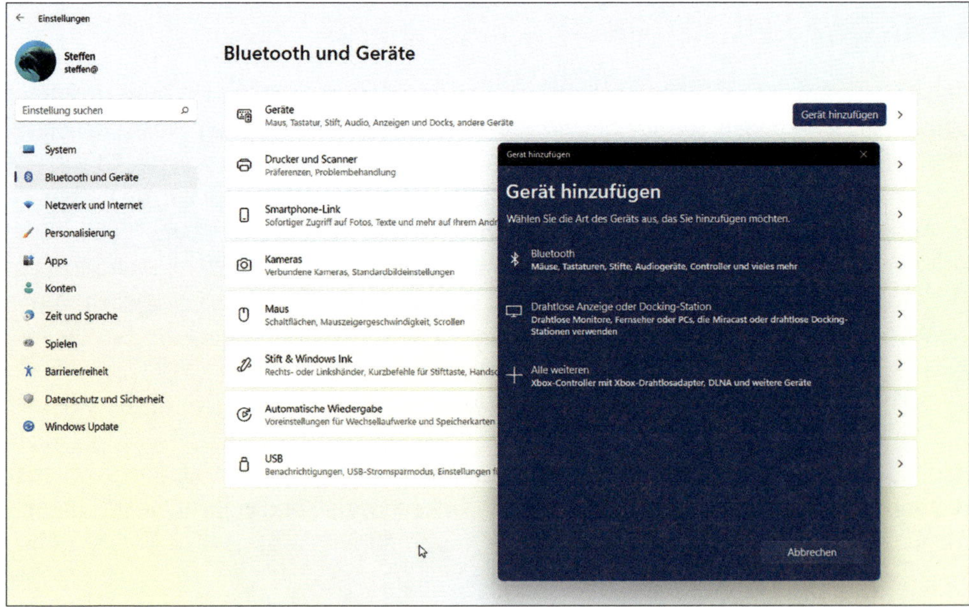

Unterstützen sowohl das anzuschließende Gerät als auch Ihr PC den drahtlosen Verbindungsstandard Bluetooth, dann wählen Sie die entsprechende Schaltfläche und folgen den Anweisungen. Bluetooth beherrschen inzwischen so gut wie alle mobilen Geräte, auf dem stationären PC können Sie sich gegebenenfalls mit einem Bluetooth-Adapter behelfen.

Unter „Drucker und Scanner" finden Sie alle Geräte, die bereits mit Ihrem PC verbunden sind. Klicken Sie auf den entsprechenden Eintrag, um die Konfiguration zu überprüfen oder Einstellungsänderungen vorzunehmen. Moderne Geräte erfordern in aller Regel keinerlei Installationsaufwand, Sie müssen sie lediglich per USB-Kabel an Ihren PC anschließen und sie werden automatisch erkannt. Ist das nicht der Fall oder funktioniert das Gerät nicht richtig, fehlt Windows der richtige Treiber und Sie müssen ihn mittels der mitgelieferten CD oder den von der Herstellerseite heruntergeladenen Treiber installieren.

Ist der Drucker oder Scanner nicht direkt mit Ihrem PC, sondern mit Ihrem Netzwerk verbunden (zum Beispiel, weil Sie ihn gemeinsam mit anderen Familienmitgliedern nutzen), klicken Sie auf „Gerät hinzufügen" und folgen den Anweisungen auf dem Bildschirm. Windows sucht nun automatisch nach Geräten im Netzwerk, die noch nicht mit Ihrem PC verbunden sind. Scheitert die Suche, klicken Sie auf „Manuell hinzufügen". Windows hilft Ihnen dabei, einen älteren Drucker anzuschließen. Im Netzwerk freigegebene Drucker können Sie manuell suchen, indem Sie auf „Durchsuchen" klicken und im Datei Explorer in den Bereich „Netzwerk" gehen.

Verbindungsprobleme beheben

Wenn Sie trotz korrekt eingegebener Verbindungsdaten keinen Zugang zum Internet herstellen können, überprüfen Sie zunächst, ob der Netzwerkstecker (Ethernet) richtig eingesteckt ist. Auch defekte Kabel sind nicht selten die Ursache für Netzwerkprobleme.

Bei drahtlos verbundenen Geräten schauen Sie, ob die WLAN-Funktion eingeschaltet ist. Außerdem sollte der Router so positioniert sein, dass auch eine ungehinderte Verbindung zum jeweiligen Gerät möglich ist. Im Notfall können Sie sich auch mit einem sogenannten WLAN-Repeater behelfen. Der hilft dabei, Verbindungslücken zu überbrücken. Im Idealfall sollte er vom gleichen Hersteller sein wie Router und Netzwerkadapter.

Gehen Sie in den „Einstellungen" im Bereich „System" zu „Problembehandlung". Klicken Sie dann auf „Andere Problembehandlungen". Hier finden Sie Einträge zu allen erdenklichen Funktionen und Geräten wie „Drucker", „Internetverbindungen", „Wiedergeben von Audiodateien", „Kamera" und „Netzwerkadapter". Klicken Sie auf „Ausführen", um die jeweilige Problembehandlung zu starten. Mitunter gibt es zu einem Bereich auch lediglich Tipps und Supporthinweise sowie Links zu empfohlenen Artikeln zum Thema. Man findet hier tatsächlich häufig gute Hinweise, um ein Problem eigenhändig zu beheben.

Wie erwähnt, verlagert Microsoft viele wichtige Funktionen in die „Einstellungen". Manchmal ist jedoch auch unter Windows 11 der Weg in die gute alte Systemsteuerung unvermeidlich. Klicken Sie mit rechts auf das Netzwerk-Icon in der Symbolleiste, dann auf Netzwerk- und Interneteinstellungen. Klicken Sie dann auf „Erweiterte Netzwerkeinstellungen" und unter „Verwandte Einstellungen" auf „Weitere Netzwerkadapteroptionen". Nun finden Sie sich in der Systemsteuerung wieder, wo Sie auf den fraglichen Adapter klicken und dann „Verbindung untersuchen" klicken. Nun startet Windows die Netzwerkdiagnose.

Geräte im Netzwerk freigeben

Geben Sie in die Windows-Suche „Systemsteuerung" (in der Regel reicht auch schon „Sys") ein und klicken Sie dann auf „Systemsteuerung". Klicken Sie nun auf „Netzwerk-

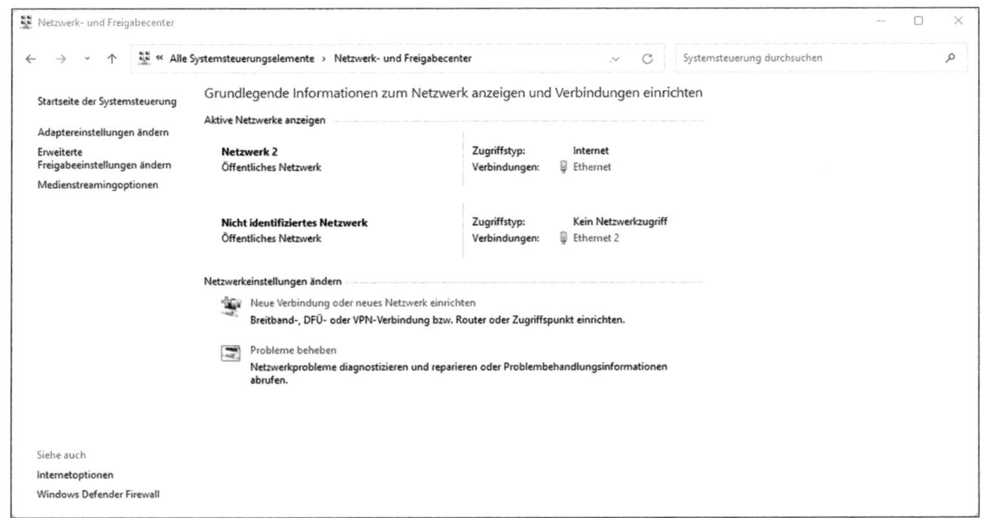

und Freigabecenter". Klicken Sie dann rechts auf „Erweiterte Freigabeeinstellungen ändern". Im aktuellen Profil müssen Sie dann „Netzwerkerkennung einschalten" und „Datei- und Druckerfreigabe aktivieren" auswählen und mit „Änderungen speichern" bestätigen. Das müssen Sie auch bei den anderen Geräten im Netzwerk tun. Nun sollten die anderen Geräte im Netzwerk im Datei-Explorer unter „Netzwerk" zu finden und per Doppelklick zu öffnen sein. Windows wird dann noch einmal das Passwort für Ihr Microsoft-Konto abfragen.

Windows 11 und Android

Einst waren die Welt des Computers und die des Mobilfunks wie auch die der unterschiedlichen Betriebssysteme streng voneinander getrennt. Da es keine Windows-Smartphones mehr gibt und die meisten Nutzerinnen und Nutzer mit ganz unterschiedlichen Geräten unterwegs sind, hat sich das mittlerweile grundlegend geändert. So wird man über die Widgets unter Windows 11 (siehe dazu Kapitel „Widgets", ► Seite 115 und 150ff) künftig auch Android-Apps auf dem PC nutzen können. Den Vertrieb kompatibler Apps wird der Appstore von Amazon (https://www.amazon.de/gp/mas/get/amazonapp) übernehmen. Wie gut all das funktioniert und wie sinnvoll das ist, darüber lässt sich aktuell noch keine eindeutige Aussage treffen. Die möglichen Verbindungen zwischen Android-Smartphone und Windows-PC sind aber schon jetzt vielfältig.

Die Grundlagen

Wenn Sie ein Android-Smartphone besitzen, dann haben Sie mit ziemlicher Sicherheit auch ein Google-Konto. Ansonsten können Sie unter www.google.com/intl/de/account/about/ kostenlos eines anlegen. Das lohnt sich auch dann, wenn Sie kein Android-Gerät besitzen. Denn damit sind eine Menge kostenloser Dienste wie Gmail, Google Kalender, Google Maps oder Google Photos verbunden. Melden Sie sich im Chrome-Browser (www.google.com/intl/de_de/chrome/) mit Ihrem Google-Konto an, können Sie Ihre Daten wie besuchte Webseiten, zuletzt aufgerufene Links, in Google Maps gespeicherte Adressen und vieles mehr geräteübergreifend synchronisieren.

Wichtig. Ohne dies an dieser Stelle umfassender thematisieren zu können: Die Inanspruchnahme der unterschiedlichen Google-Dienste ist aus Gründen des Datenschutzes kritisch zu sehen. Dass Google inzwischen nicht nur die gleichnamige Suchmaschine, sondern auch viele andere Dienste, zu denen unter anderem auch die Videoplattform YouTube gehört, besitzt, macht es möglich, umfassende Profile der Nutzerinnen und Nutzer zu erstellen. Informationen von Google sowie Einstellungsmöglichkeiten finden Sie unter https://policies.google.com/

Google Drive für Windows

Interessant in Verbindung mit Windows ist insbesondere der Cloud-Speicher Google Drive. 15 GB pro Nutzerkonto sind kostenlos, mit einem Google-One-Abonnement (https://one.google.com/about) können Sie den Speicherplatz auf 200 GB (rund 3 Euro/Monat) oder gar 2 TB (rund 10 Euro/Monat) erweitern und diverse andere Vorteile in Anspruch nehmen.

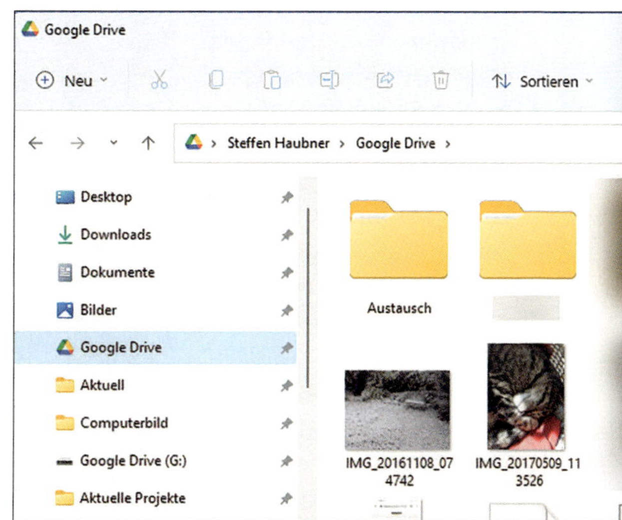

Für Windows-PCs gibt es einen Desktop-Client, den Sie unter der Adresse www.google.com/intl/de/drive/download/ kostenlos herunterladen können. In Verbindung mit den Google-Drive-Apps für Android und iOS können Sie damit bequem Daten zwischen Ihrem Smartphone und Ihrem Windows-PC austauschen. Nach der Installation finden Sie Google Drive als eigenes Laufwerk in Ihrem Datei Explorer wieder.

Auf diesem Weg können Sie nicht nur Adressen und Fotos zwischen Ihrem Mobilfunkgerät und Ihrem PC austauschen, sondern auch vor einem Upgrade von einer älteren Windows-Version auf Windows 11 oder von einem alten auf einen neuen Rechner Back-ups machen und Ihre Daten migrieren.

Datenverwaltung über Google Drive

Nach der Installation sollten Sie ein Google-Drive-Icon in der Taskleiste bzw., wenn der Platz dort knapp wird, im „Überlauf" der Taskleiste (siehe dazu Kapitel „Die Taskleiste", ► Seite 97) finden. Falls nicht, können Sie es dort anheften (siehe dazu Kapitel „Taskleiste anpassen", ► Seite 147ff). Klicken Sie darauf und dann auf das Zahnrad-Symbol oben rechts, um in die Einstellungen zu gelangen. Über „Ordner hinzufügen" wählen Sie Inhalte auf Ihrer Festplatte aus, die automatisch mit dem Cloud-Speicher synchronisiert werden sollen. Damit haben Sie – sofern Sie online sind – immer ein aktuelles Back-up Ihrer wichtigsten Dateien und können sie bei Bedarf von jedem Ihrer Geräte aus aufrufen.

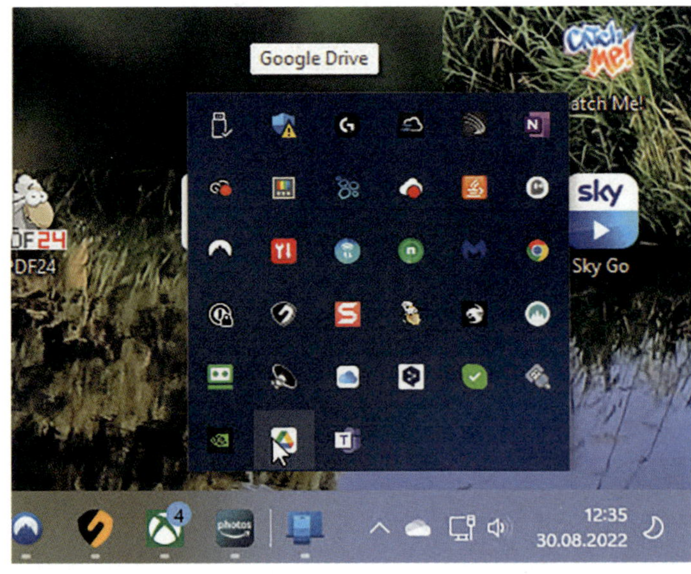

Alternativ können Sie ganze Ordner oder einzelne Dateien auch im Datei-Explorer auf den Google-Drive-Eintrag im linken Baummenü ziehen. Sie werden dann dorthin kopiert und stehen systemübergreifend zur Verfügung. Auch das ist eine gute Methode, Ihre persönlichen Daten bei einem Upgrade oder einem Umzug zu sichern und auf ein neues System zu übertragen.

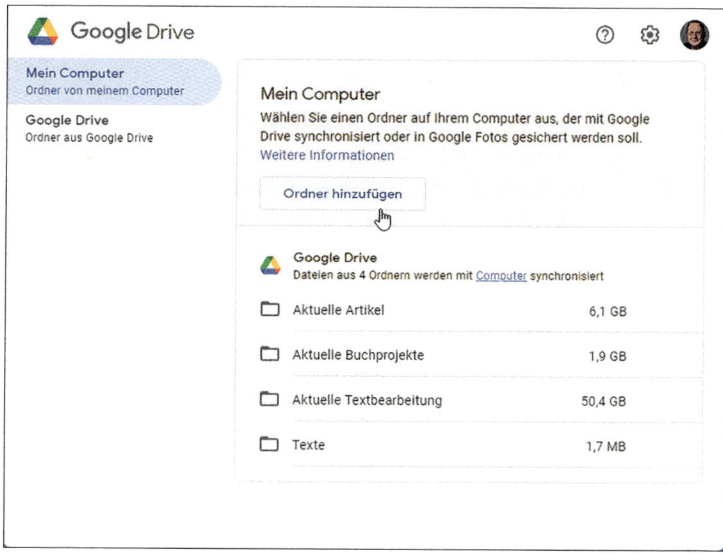

Mobil arbeiten

Das Back-up über Google Drive hat einen weiteren entscheidenden Vorteil: Sie können die Dateien über den Chrome-Browser von jedem PC oder Mobilgerät abrufen. Sie finden Ihre zuletzt synchronisierten Dateien in „Meine Ablage" unter der Adresse https://drive.google.com/drive/my-drive. Alternativ klicken Sie auf das „Google Apps"-Icon links neben Ihrem Profilbild in der rechten Ecke des Browser-Fensters und dort auf „Google Drive".

Sie können dort mit Hilfe der Office-Suite Google Docs öffnen – ganz gleich, ob es sich um Texte, Tabellen oder Präsentationen handelt. Google Docs ist komplett kompatibel mit Microsoft Office, auch wenn es nicht ganz so viele Bearbeitungsoptionen bietet.

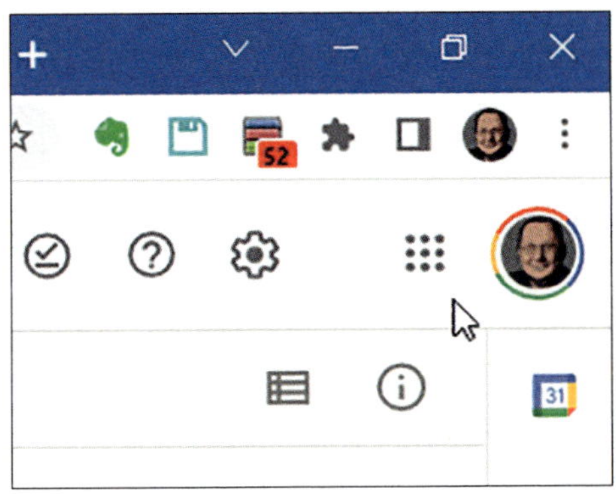

Tipp. Klicken Sie mit der rechten Maustaste auf einen Inhalt in „Meine Ablage" und wählen Sie dann „Öffnen mit".

Außer den automatisch angezeigten Vorschlägen können Sie über „Weitere Programme verknüpfen" unter einer Vielzahl von Apps wählen. Das gilt auch für Fotos. Auf diesem Weg können Sie beispielsweise auf Ihrem PC gespeicherte Fotos in der Cloud mit einem externen Bildbearbeitungsprogramm bearbeiten.

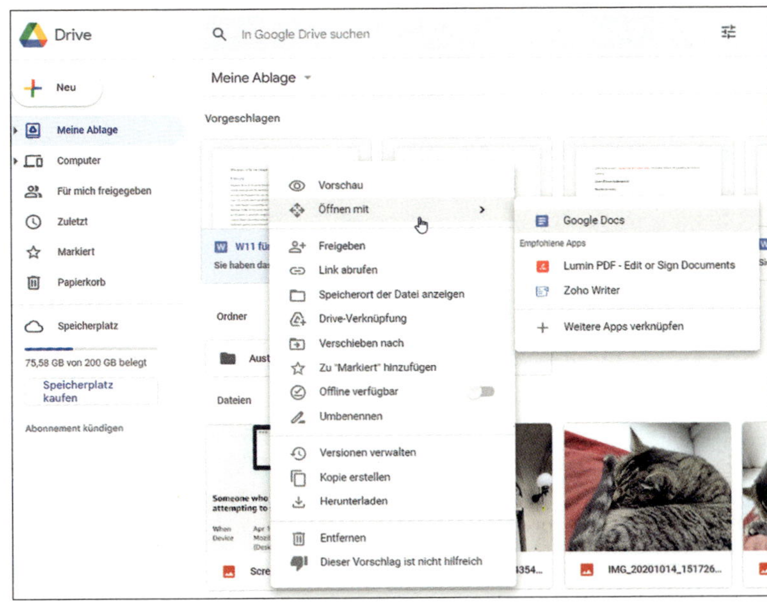

Windows 11 und iOS

Auch wenn man keinen Mac, sondern einen Windows-PC unter dem Schreibtisch stehen hat, ist ein geräteübergreifender Austausch möglich: über Apples Online-Speicher iCloud. So lassen sich iPhone-Fotos in Apples Cloud-Speicher sichern und zuhause auf dem Windows-PC bearbeiten. Oder man nutzt iCloud als Datenspeicher, erstellt Dokumente und Präsentationen mit Office und ruft sie unterwegs über das iPad ab.

Die Grundlagen

Je nach persönlichen Präferenzen hat man unterschiedliche Möglichkeiten, iCloud zu nutzen. Zum Start braucht man lediglich einen Apple-Account und einen Internet-Browser. Wenn man bereits ein iPhone oder iPad benutzt, muss man sich nicht neu registrieren, sondern meldet sich einfach an. Dazu geht man auf die Seite www.icloud.com und gibt seine Apple-ID und das dazugehörige Passwort ein. Online kann man dort mit seinem Apple-Account verknüpfte Mails verwalten, Kontakte und Termine bearbeiten, Fotos sichern und vieles mehr. Noch direkter funktioniert die Verbindung mit der iCloud-App – auch iCloud-Client genannt – für Windows. Um sie zu nutzen, muss man diese zuvor direkt bei Apple unter www.apple.com/de/icloud/setup/pc.html oder aus dem Microsoft Store herunterladen und auf dem Windows-PC installieren.

Falls der von Apple gratis angebotene Speicherplatz von 5 GB nicht reicht, kann er kostenpflichtig erweitert werden. 50 GB kosten knapp einen Euro monatlich. Auf dem iPhone, iPad oder iPod touch geht man über „Einstellungen", die Schaltfläche mit dem Benutzernamen, „iCloud", „Speicher verwalten" oder „iCloud-Speicher". Hier tippt man auf „Mehr Speicher kaufen" oder „Speicherplan ändern". Auf dem Windows-PC öffnet man zunächst iCloud für Windows. Dann klickt man auf „Speicher" und „Speicherplan ändern". Hier wählt man die gewünschte Preisoption, klickt auf „Weiter", gibt das Passwort ein und klickt abschließend auf „Kaufen".

Der iCloud-Client für Windows

Nach der Installation der App befindet sich das iCloud-Icon – eine blaue Wolke auf weißem Grund – unten in der Windows-Taskleiste. Falls nicht, muss man zunächst auf den nach oben gerichteten Pfeil („Ausgeblendete Symbole einblenden") ziemlich weit auf der rechten Seite klicken. Alternativ gibt man „iCloud" in das Suchfeld neben dem Windows-Button ein und wählt dann oben im Ergebnisfenster „Apps" aus. Nun kann man das iCloud-Symbol an die Taskleiste oder an das Startmenü anheften oder direkt über die App-Schaltfläche aufrufen.

Nach einem Klick auf „iCloud-Einstellungen öffnen" – beziehungsweise das iCloud-Icon im Startmenü oder in der Taskleiste – öffnet sich der iCloud-Client in einem eigenen Fenster. Dort können Sie festlegen, welche Daten Sie synchronisieren möchten. So lassen sich Kalenderdaten, Kontakte und Aufgaben aus Outlook mit den in iCloud gespeicherten Daten zusammenführen. Sie können den Abgleich bestimmter Informationen deaktivieren, indem Sie den Haken vor dem Eintrag entfernen. Die Lesezeichen werden übrigens auch dann mit iCloud synchronisiert, wenn Sie Google Chrome statt des Apple-Browsers Safari benutzen. Dazu müssen Sie in Chrome unter „Erweiterungen" die Lesezeichen-Erweiterung von iCloud aktivieren. Alternativ können Sie auch auf dem iPhone oder iPad über „Einstellungen" und „iCloud" festlegen, welche Inhalte in den Online-Speicher wandern sollen. Haben Sie den Abgleich von „iCloud Drive" und „iCloud Fotos" aktiviert, erscheinen beide als Ordner im Datei-Explorer von Windows, über den sich alle

Dateien bequem durch Ziehen und Loslassen der linken Maustaste („Drag & Drop") verwalten lassen. Die Dateien, die man den iCloud-Ordnern hinzufügt, werden automatisch auf allen Apple-Geräten angezeigt, auf denen man mit seinem Apple-Account angemeldet ist. Durch die Speicherung an zwei Orten hat man zudem ein bequemes Back-up, das einen vor dem Verlust unwiederbringlicher Daten schützt.

„iCloud Drive": Datenverwaltung über iCloud

Wer bereits mit OneDrive (https://onedrive.live.com/) vertraut ist, wird feststellen, dass der iCloud-Client ganz ähnlich funktioniert. Erstellt man nun beliebige Dateien auf dem Windows-11-PC – seien es nun Office-Dokumente, Fotos oder Präsentationen – müssen sie nur im iCloud-Drive-Verzeichnis abgelegt werden, um sie danach auf dem iPhone oder iPad abrufen zu können. Verwalten lassen sich die Daten einfach im Datei-Explorer, indem man auf den Eintrag im Verzeichnisbaum klickt. Im Fenster rechts wird dann der gesamte Inhalt des iCloud-Speichers angezeigt. Man kann Dateien vom PC in iCloud verschieben (mit „Start" und „Verschieben nach" in der Menüleiste des Datei-Explorers) oder kopieren („Start", „Kopieren nach").

Grundsätzlich ist es so, dass auf dem Windows-PC zunächst ein Platzhalter von Dateien und Ordnern erstellt wird. Erst wenn eine Datei direkt aufgerufen oder ein Ordner zur Synchronisierung markiert wird, ist er auch offline auf dem PC verfügbar. Dabei sollte man immer im Kopf behalten, dass das Herunterladen von nicht lokal gespeicherten Daten über ein Mobilfunknetz Kosten verursachen kann. Der Status eines Ordners oder einer Datei wird durch ein kleines Symbol neben dem Dateinamen angezeigt. Eine blaue Wolke signalisiert, dass das Element online bereitsteht, ein grünes Häkchen, dass es bereits heruntergeladen wurde.

„iCloud Fotos": iPhone-Fotos auf Windows-PC übertragen

Setzt man im iCloud-Client einen Haken vor „Fotos", werden alle iPhone-Fotos und Videos automatisch auf die Festplatte transferiert – und zwar in den Ordner „iCloud Fotos", der ebenfalls im Datei-Explorer zu finden ist. Wie bei den Dateien in iCloud Drive sind die Einträge zunächst allesamt Platzhalter mit dem Dateinamen und einer kleinen Vorschau. Erst wenn man eines der Bilder durch einen Doppelklick aufruft oder in einen anderen Festplattenbereich kopiert, wird die Aufnahme lokal gespeichert – das Symbol daneben wechselt von der blauen Wolke zum grünen Häkchen. Man kann sämtliche Fotos und Videos nun direkt über den Datei-Explorer öffnen und mit einem beliebigen Programm auf dem PC bearbeiten. Möchte man umgekehrt iCloud als Online-Sicherung für lokal gespeicherte Bilder verwenden oder dafür sorgen, dass bestimmte Bilder oder Videos unterwegs auf dem iOS-Gerät zur Verfügung stehen, klickt man im iCloud-Client rechts neben „Fotos" auf „Optionen". Setzt man einen Haken vor „iCloud-Fotos", wird im Datei-Explorer ein zunächst leerer „iCloud Fotos"-Ordner erstellt, in den man einzelne Aufnahmen hochladen kann. Mit der Option „Geteilte Alben" kann man einzelne Ordner festlegen, die man mit anderen Nutzern teilen will. Jede Änderung im iCloud-Client wird aber nur dann wirksam, wenn man sie mit „Anwenden" bestätigt!

Mobil arbeiten mit iCloud und Office

Will man an einem in Word erstellten Dokument unterwegs weiterarbeiten oder Korrekturen vornehmen, speichert man sie im iCloud-Verzeichnis auf dem PC. Auf dem iPhone oder iPad kann man sie dann – eine aktive Internet-Verbindung vorausgesetzt – wieder öffnen, beispielsweise mit der Textbearbeitungs-App „Pages". Die in iDrive gespeicherten

Dateien befinden sich auf iOS-Geräten im Ordner „Dateien". Die durch iDrive geschaffene Verbindung zwischen Windows-PC und iOS-Geräten lässt sich mit den Funktionen vieler Apps kombinieren. Ein Beispiel: Mit dem Dokumenten-Scanner „Scanbot" lassen sich Vorlagen aller Art mit der Kamera des Mobilgerätes erfassen. Die so erstellte PDF-Datei legt man mit „Senden an..." und „iCloud" im Online-Speicher ab. Über das Menü (drei Punkte oben rechts in der App), „Einstellungen" und „Cloud-Dienste" kann man alle Scanbot-Scans automatisch in Apples Cloud-Speicher sichern lassen. Danach kann man das gescannte Dokument über den Datei-Explorer direkt auf dem Windows-11-PC öffnen und bearbeiten.

iCloud unter Windows: Tipps und Tricks

Erstellt man unter www.icloud.com/iclouddrive/ einen neuen Ordner, erscheint er automatisch in den iCloud-Drive-Verzeichnissen auf allen Windows- und Apple-Geräten. Man kann darüber alle erdenklichen Arten von Inhalten über alle Gerätegrenzen hinweg austauschen. Über „Hochladen" in der Funktionsleiste des Online-Speichers können einzelne Dateien oder ganze Ordner direkt vom PC in iCloud Drive gesichert werden. Sie stehen dann gleichermaßen auf iOS-Geräten wie auch auf dem Windows-PC zur Verfügung, sofern man die Synchronisierung wie oben beschrieben aktiviert hat. Grenzüberschreitend ist auch die Zusammenarbeit mit anderen Cloud-Diensten. Man kann Dateien manuell zwischen iCloud und anderen Online-Speichern wie Dropbox austauschen. Für die direkte Zusammenarbeit mit Microsofts Online-Speicher OneDrive gibt es im App Store eine eigene iOS-App. Markiert man eine Datei oder einen Ordner im iCloud-Drive-Verzeichnis des Datei-Explorers von Windows, kann man diese über „Freigeben" oben in der Funktionsleiste mit anderen teilen, per Mail verschicken oder ausdrucken.

Windows 11 personalisieren

Richten Sie Ihren PC so ein, wie es für Sie am praktischsten und bequemsten ist.

Der „Einstellungen"-Bereich „Personalisieren"

Microsoft hat bei den Möglichkeiten, Windows individuell anzupassen, einen großen Schritt nach vorne gebracht. In den „Einstellungen" wurden unter „Personalisierung" die allermeisten Optionen zusammengefasst, mit deren Hilfe man seinen digitalen Arbeitsplatz selbst gestalten kann.

Hintergrund. Hier können Sie das Hintergrundbild – sei es ein von Microsoft bereitgestelltes oder über „Fotos durchsuchen" selbst gewähltes – für Ihren Desktop selbst bestimmen oder über das Ausklappmenü bei „Hintergrund personalisieren" eine Diashow

auswählen, um nicht immer das gleiche Hintergrundbild angezeigt zu bekommen. Interessant ist auch „Spotlight". Mit dieser Einstellung zeigt Windows zufallsgesteuert Fotos an und färbt Elemente wie die Taskleiste passend an. **Tipp.** An folgendem Beispiel sieht man sehr gut, wie Windows in den „Einstellungen" die Orientierung erleichtert. Denn über „Hintergrund" gelangt man mit „Verwandte Einstellungen" direkt in den Bereich „Barrierefreiheit", wo sich die zum Thema „Personalisierung" passenden „Kontrast-Designs" finden. Diese sollten Sie sich anschauen, wenn Sie empfindliche Augen oder eine Sehbehinderung haben, um Bedienelemente von Windows besser erkennbar zu machen.

Farben. Hier stellen Sie alles ein, was mit Farben, Helligkeit und Transparenzeffekten zu tun hat.

Designs. Sets von aufeinander abgestimmten Bildern, Farben und Tönen. Oben rechts können Sie diese Elemente wie auch das Erscheinungsbild des Mauszeigers benutzerdefiniert anpassen. Über „Designs durchsuchen" werden Sie zum Microsoft Store weitergeleitet, wo eine riesige Auswahl von vorgefertigten Designs zum Download bereitsteht. Achten Sie darauf, dass viele, aber nicht alle Designs kostenlos sind!

Sperrbildschirm. Die Ansicht, die Sie begrüßt, wenn Sie Ihren PC einschalten (► Seite 141). Auch hier können Sie ein beliebiges Bild sowie eine App auswählen, die auf dem Sperrbildschirm angezeigt werden soll wie etwa „Kalender", „Wetter" oder „Mail". Wichtiger noch dürften hier die „Verwandten Einstellungen" sein, die Sie zu den Energiesparoptionen unter „System" und „Leistung" sowie zum Bildschirmschoner samt der „Energieverwaltung" weiterleiten. Der Link „Energieeinstellungen ändern" führt interessanterweise in die Systemsteuerung, wo Sie unter „Energieoptionen" (► Seite 142) die Energiespareinstellungen anpassen können.

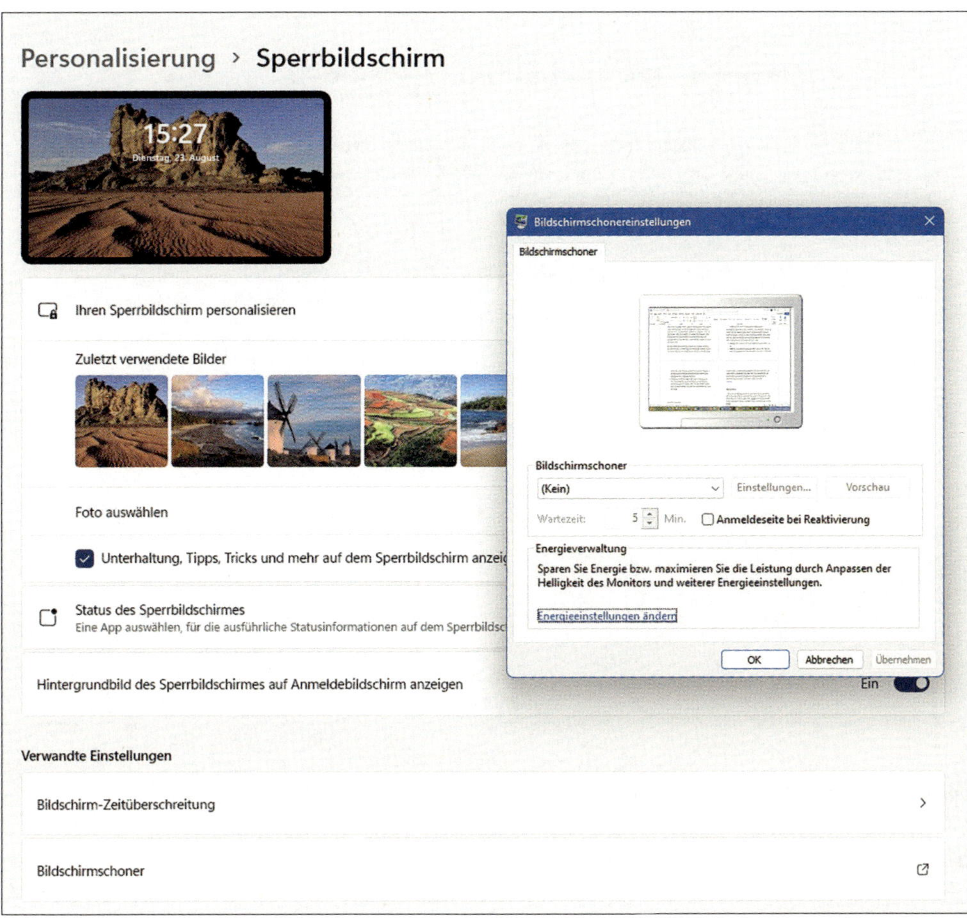
Personalisierung › Sperrbildschirm
15:27
Dienstag, 23. August
Ihren Sperrbildschirm personalisieren
Zuletzt verwendete Bilder
Foto auswählen
Unterhaltung, Tipps, Tricks und mehr auf dem Sperrbildschirm anzei
Status des Sperrbildschirmes
Eine App auswählen, für die ausführliche Statusinformationen auf dem Sperrbildsc
Hintergrundbild des Sperrbildschirmes auf Anmeldebildschirm anzeigen
Ein
Verwandte Einstellungen
Bildschirm-Zeitüberschreitung
Bildschirmschoner
Bildschirmschonereinstellungen
Bildschirmschoner
Bildschirmschoner
(Kein)
Einstellungen...
Vorschau
Wartezeit:
5
Min.
Anmeldeseite bei Reaktivierung
Energieverwaltung
Sparen Sie Energie bzw. maximieren Sie die Leistung durch Anpassen der Helligkeit des Monitors und weiterer Energieeinstellungen.
Energieeinstellungen ändern
OK
Abbrechen
Übernehmen

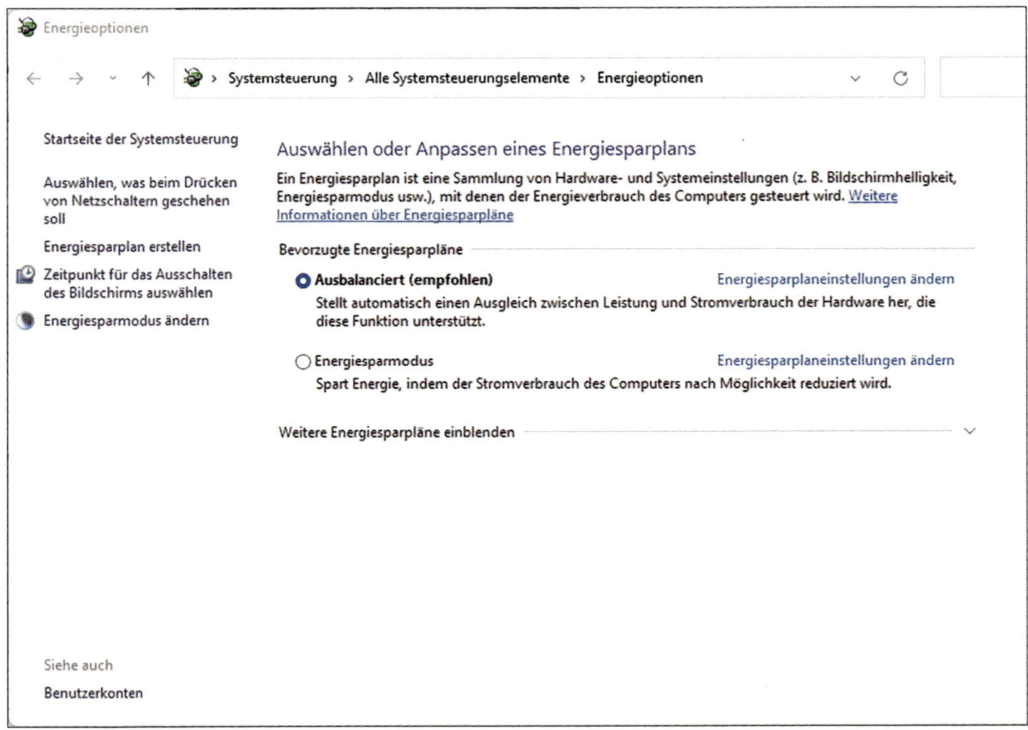

Bildschirmtastatur. Passen Sie an, wie die virtuelle Tastatur aussehen soll.

Start. Passen Sie – in recht engen Grenzen – an, welche Elemente das Startmenü enthalten soll, welche Ordner dort angezeigt werden sollen und welche Farbe es haben soll.

Taskleiste. Dieser Bereich wurde bereits im Kapitel „Taskleiste" (► Seite 97) beschrieben.

Schriftarten. Hier finden Sie alle Schriften, die derzeit auf Ihrem Rechner installiert sind. Sie können weitere Schriftarten hinzufügen, indem Sie auf „Weitere Schriftarten aus dem Microsoft Store abrufen" klicken. Natürlich können Sie auch Schriften aus anderen Quellen installieren. Die gewünschte Schriftart muss vorher heruntergeladen, die Schriftartdatei auf dem PC gespeichert werden. Die Dateien müssen im .otf- oder .ttf-Format vorliegen. Schriften sind in Windows gewöhnlich im Verzeichnis C:\WINDOWS\FONTS gespeichert. Neue Schriftarten kann man im Internet kostenlos herunterladen (z.B. bei Dafont) oder kaufen (z.B. bei Adobe). Danach ziehen Sie die Datei einfach aus dem Datei-Explorer auf das Feld unter „Schriften hinzufügen". Umgekehrt können Sie auch Schriften deinstallieren, denn sie nehmen nicht unerheblich Platz auf der Festplatte ein. Klicken Sie dazu auf die entsprechende Schrift und dann unter Schriftdatei auf „Deinstallieren".

Geräteverwendung. Betrifft inhaltliche Anpassung, also beispielsweise, welche personalisierten Tipps und Anzeigen Sie erhalten. Unser Rat: Lassen Sie alle Schalter deaktiviert. Dafür lohnt ein Klick auf die Links unter Datenschutzressourcen, wo Sie Hinweise zum Datenschutz und die Datenschutzerklärung von Microsoft finden oder direkt ins Datenschutz-Dashboard gelangen. Weitere Hinweise finden Sie im Kapitel „Datenschutz" (► Seite 65ff) in diesem Buch.

Startmenü anpassen

Wie oben beschrieben können Sie das Startmenü über die „Einstellungen", „Personalisierung" und „Start" gestalten. Eine neue Möglichkeit ist unter Windows 11 die Option,

Apps zu Gruppen zusammenzufassen. Microsoft hat sich das von Android abgeschaut, wo das schon länger möglich ist.

- Heften Sie zunächst die gewünschten Programme an das Startmenü an, indem Sie im Startmenü zu „Alle Apps" gehen, die gewünschte App mit rechts anklicken und „An Start anheften" wählen.
- Klicken Sie das Symbol (Icon) der App nun mit links an, halten Sie die Maustaste gedrückt und ziehen Sie das Symbol auf das Icon der App, mit der Sie die App zu einer Gruppe verbinden wollen.
- Klicken Sie den neuen Ordner an, um ihm einen Namen zu geben.
- Die Gruppe ist nun dauerhaft an das Startmenü angeheftet und kann beliebig um weitere Apps erweitert werden, indem Sie das entsprechende Icon wie beschrieben in den Ordner ziehen.

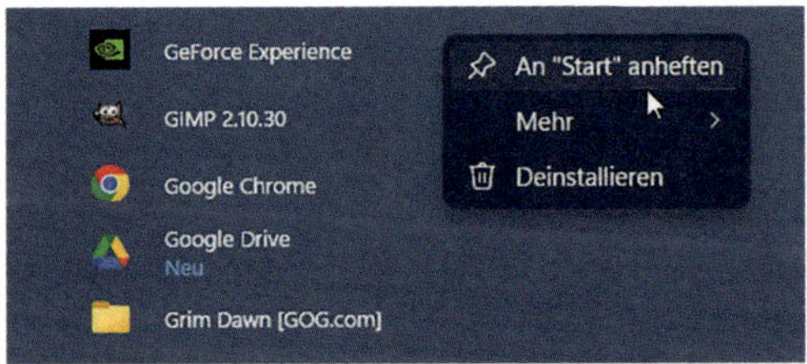

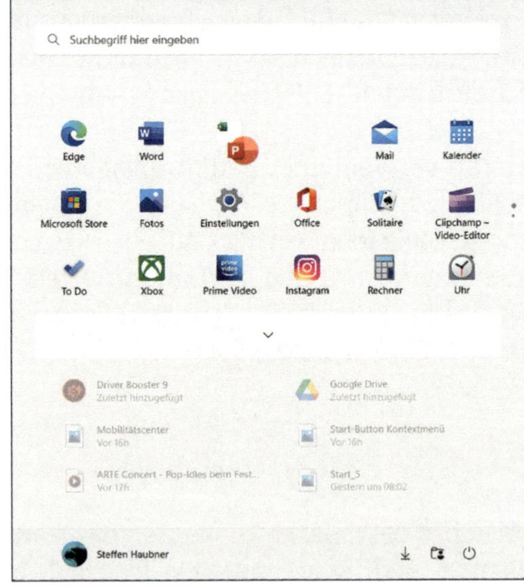

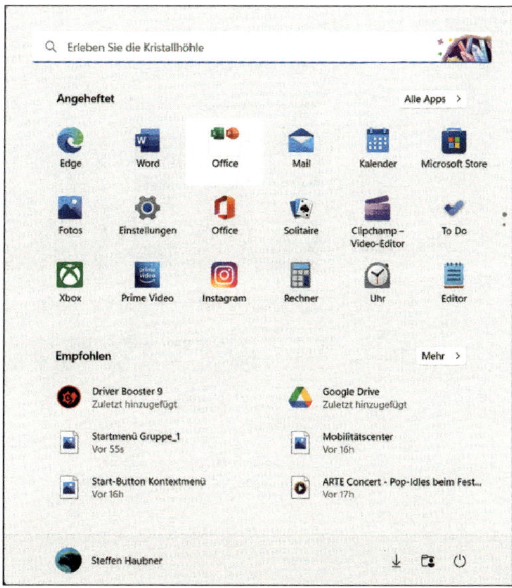

Alternativen zum Startmenü

Wenn Sie sich gar nicht an das neue Startmenü gewöhnen können, ist das kein Grund zum Verzweifeln. Drei erschwingliche Zusatzprogramme helfen Ihnen weiter.

- **Stardock** (stardock.com) ist ein Entwickler vieler nützlicher Zusatztools für Windows. Dazu gehört neben „Fences", das eine feste Sortierung von Desktop-

Icons ermöglicht, auch „Start11". Damit kehren Sie wahlweise zum Startmenü von Windows 7 oder Windows 10 zurück und konfigurieren es nach Ihren eigenen Vorstellungen. Das eigentlich recht übersichtlich gehaltene Programm bietet eine riesige Menge an Möglichkeiten. Keine Sorge: Alles lässt sich problemlos wieder in die ursprüngliche Form bringen. Klickt man auf das Zahnrad, kann man unter „Wie soll das Menü aussehen?" sogar ein eigenes Hintergrundbild für das Startmenü wählen! Toll ist auch, dass man die Schrift im Menü vergrößern kann, was einen großen Schritt Richtung Barrierefreiheit darstellt. Vergessen Sie nicht, im Bereich „Steuerung" unter „Beim Klick auf das Symbol Start öffnet sich" die Option „Start11-Menü" auszuwählen. Direkt darunter können Sie es dabei belassen, dass beim Drücken der Windows-Taste weiterhin das gewohnte Windows-10-Menü geöffnet wird. Dann haben Sie jederzeit die Wahl, welches Menüdesign Sie aufrufen möchten. Sie werden sicher genau die Konfiguration finden, die Ihren Ansprüchen am meisten entgegenkommt.

- Wenn Sie es gerne nüchtern mögen, ist **Start Menü X** (OrdinarySoft, startmenux.com) unter Umständen die richtige Lösung für Sie. So wird die Liste Ihrer Programme (bzw. Apps) bereits direkt nach dem Klick auf den Start-Button vollständig sichtbar, wogegen Sie bei neueren Windows-Versionen mehrere Klicks benötigen, um dorthin zu gelangen. Die Pro-Version kostet 10 Euro, eine abgespeckte Variante ist dauerhaft gratis nutzbar.
- **StartAllBack** (Stanislav Zinukhov, startallback.com) bringt Ihnen das Startmenü von Windows 7 zurück. Zudem kann man die unter Windows 11 obligatorische Gruppierung von Instanzen geöffneter Programme abschalten und stattdessen die Anzeige von Namen aktivieren. Preis: 5 US-Dollar.

Taskleiste anpassen

Der Standardweg zum Anpassen der Taskleiste: Klicken Sie mit der rechten Maustaste auf die Taskleiste und dann auf „Taskleistenoptionen".

Taskleiste anpassen. Damit gelangen Sie direkt in die „Einstellungen", und zwar in den Bereich „Personalisierung/Taskleiste". Es würde hier zu weit führen, alle Einstellungsmöglichkeiten aufzulisten. Sie sehen aber, dass die in der Taskleiste angezeigten Icons ziemlich individuell anpassbar sind. Sie entscheiden, ob dort ein Suchfeld angezeigt wird, ob Sie Widgets haben möchten oder ob es für Sie sinnvoll ist, dass sich die virtuelle

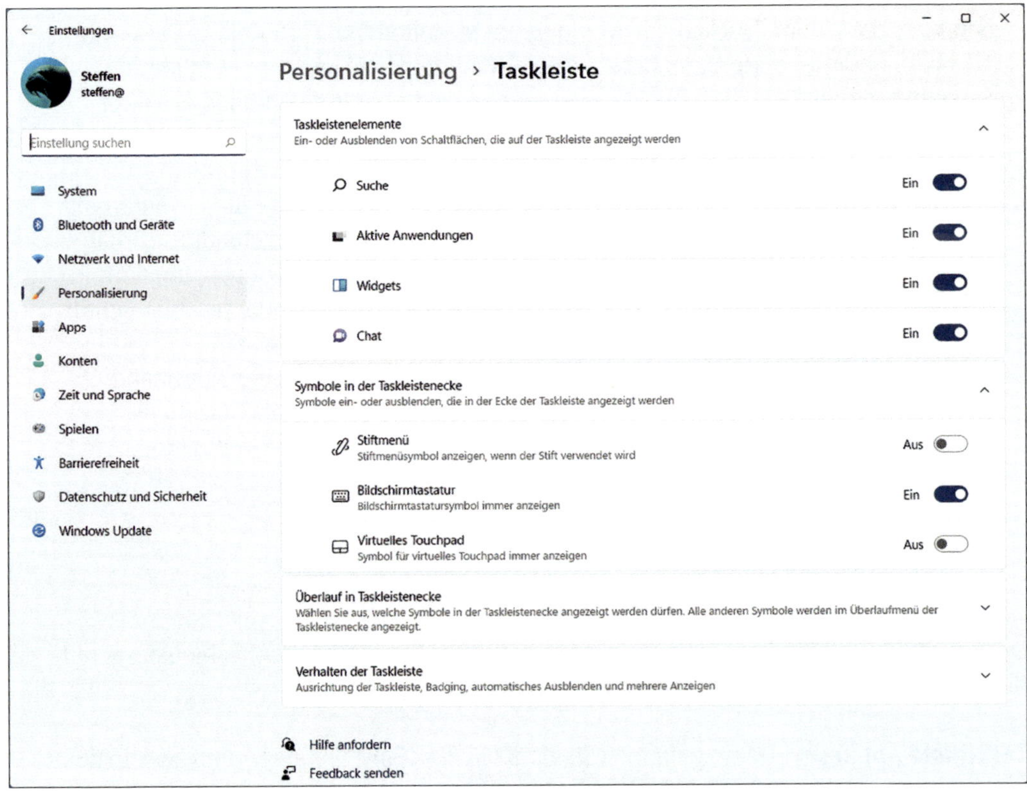

Bildschirmtastatur über die Taskleiste öffnen lässt. Außerdem können Sie entscheiden, ob die Taskleiste immer angezeigt werden soll oder automatisch verschwindet, wenn

Sie sie nicht brauchen. Über „Symbole in der Taskleiste" und „Überlauf in der Taskleiste" können Sie den rechten Bereich der Taskleiste anpassen, den man ganz allgemein „Funktionsleiste" nennen könnte. Alles Weitere dazu im Kapitel „Funktionsleiste und Benachrichtigungen" (► Seite 113f). **Tipp.** Es gibt einen alternativen Weg, die Taskleiste anzupassen. Er bietet mehr Möglichkeiten und führt schneller zum Ziel. Der Weg führt über die verbesserte Suchfunktion in den „Einstellungen". Dazu gibt man in das Suchfeld den Begriff „Taskleiste" ein und bestätigt mit der Eingabetaste. Klickt man nun auf den passenden Eintrag in der Liste, führt Windows 11 einen direkt in das Untermenü, in dem man die gesuchten Optionen findet. Praktischerweise sind teilweise sogar die richtigen Bereiche und Schalter umrandet. Microsoft hat damit einen Schritt in die richtige Richtung getan, auch wenn leider noch nicht alles hundertprozentig klappt. So finden sich einzelne Verweise auf Funktionen, die noch gar nicht vorhanden sind.

Programme anheften. Sie können Programme über einen kleinen Umweg an die Taskleiste heften, um sie immer schnell zur Verfügung zu haben. Öffnen Sie dazu das Startmenü (siehe dazu Kapitel „Start-Button und Startmenü", ► Seite 97ff), klicken Sie oben rechts auf „Alle Apps" und scrollen Sie zu dem gewünschten Programm. Klicken Sie mit der rechten Maustaste darauf und wählen Sie „An Taskleiste anheften" (► Seite 150). Die Icons innerhalb der Taskleiste können Sie verschieben – allerdings nur die, die Sie selbst dort angeheftet haben. Klicken Sie dazu darauf, halten Sie die linke Maustaste gedrückt und ziehen Sie das Icon an den gewünschten Ort. **Tipp.** Mit einem wenig bekannten Trick können Sie Programme direkt aus der Taskleiste aufrufen. Halten Sie die Windows-Taste gedrückt und tippen Sie auf eine Zahl auf Ihrer Tastatur. Daraufhin öffnet Windows automatisch das Programm, das sich an der entsprechenden Position befindet. Da die Reihenfolge der Icons von Nutzer zu Nutzer unterschiedlich ist, müssen Sie ein bisschen herumprobieren, welches Programm sich bei Ihnen hinter welcher Nummer verbirgt.

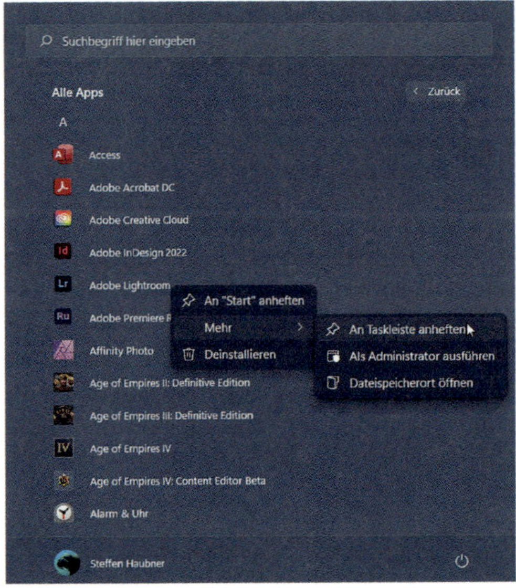

Gegebenenfalls ändern Sie wie im vorigen Abschnitt beschrieben einfach die Position des Icons in der Taskleiste.

Widgets selbst anpassen

Die „Widgets" – zu erreichen, indem Sie mit dem Mauszeiger über die Widget-Schaltfläche ganz links in der Taskleiste fahren – sind von Anfang an mit allerlei Informationen und aktuellen Meldungen gefüllt. Sie müssen die Inhalte keineswegs so hinnehmen, wie sie angezeigt werden. Voraussetzung für Änderungen ist, dass Sie mit Ihrem Microsoft-Konto bei Windows angemeldet sind.

- Klicken Sie oben rechts auf Ihr Profilbild, um festzulegen, was wie angezeigt werden soll (► Seite 151).
- Über „Widgets hinzufügen" können Sie zum Beispiel Ihre Fotos-App oder den Outlook-Kalender als Widget einbinden.
- Oben rechts sehen Sie ein Pin, mit dem Sie das Widget an dieser Stelle fixieren können. Klicken Sie auf die drei Punkte und „Widget anpassen", können Sie eigene Anpassungen vornehmen. Die Optionen unterscheiden sich von Widget zu Widget. So können Sie bei der Wettervorhersage Ihren Standort einstellen oder Windows erlauben, Ihren aktuellen Aufenthaltsort zu ermitteln.

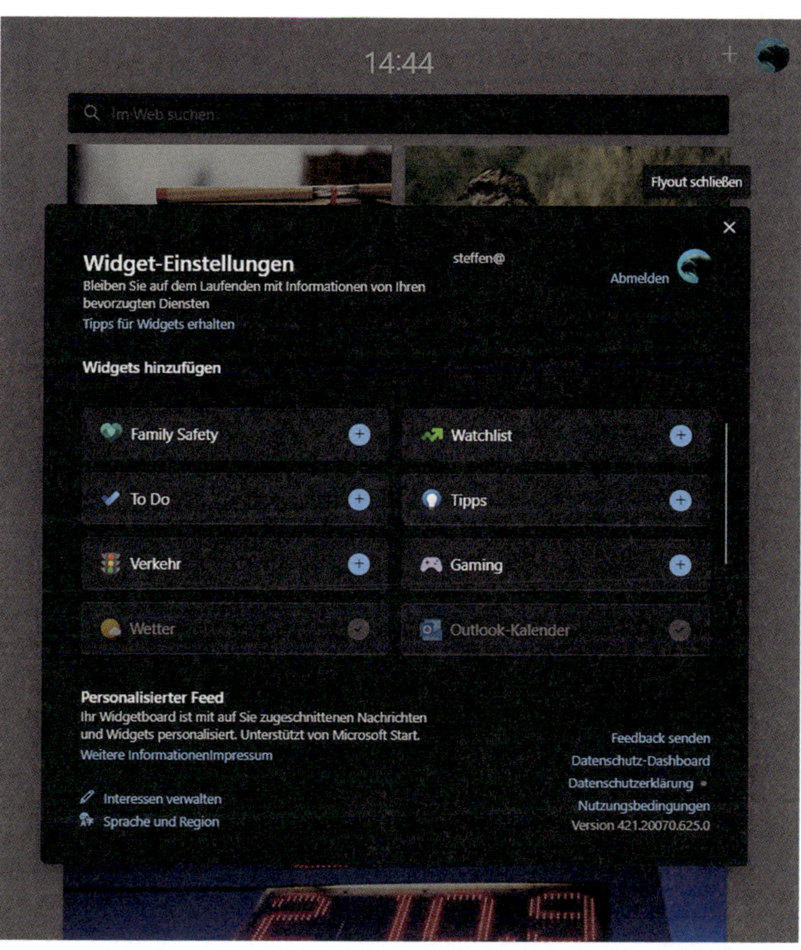
14:44
Im Web suchen
Flyout schließen
Widget-Einstellungen
steffen@
Abmelden
Bleiben Sie auf dem Laufenden mit Informationen von Ihren bevorzugten Diensten
Tipps für Widgets erhalten
Widgets hinzufügen
Family Safety
Watchlist
To Do
Tipps
Verkehr
Gaming
Wetter
Outlook-Kalender
Personalisierter Feed
Ihr Widgetboard ist mit auf Sie zugeschnittenen Nachrichten und Widgets personalisiert. Unterstützt von Microsoft Start.
Weitere InformationenImpressum
Feedback senden
Datenschutz-Dashboard
Datenschutzerklärung
Nutzungsbedingungen
Version 421.20070.625.0
Interessen verwalten
Sprache und Region

- Über die drei Punkte in jedem Widget lässt sich zudem die Größe ändern oder das Widget ganz entfernen.
- Klicken Sie wieder auf Ihr Profilbild und unten links auf „Interessen verwalten". Sie werden nun automatisch zu Ihren in der Microsoft-Cloud gespeicherten und mit Ihrem Microsoft-Konto verknüpften Präferenzen weitergeleitet.
- Es lohnt sich, sich etwas näher mit dem dort angezeigten Bereich „Meine Interessen" auseinanderzusetzen, da Sie darüber die Inhalte Ihrer Widgets weitgehend anpassen können.

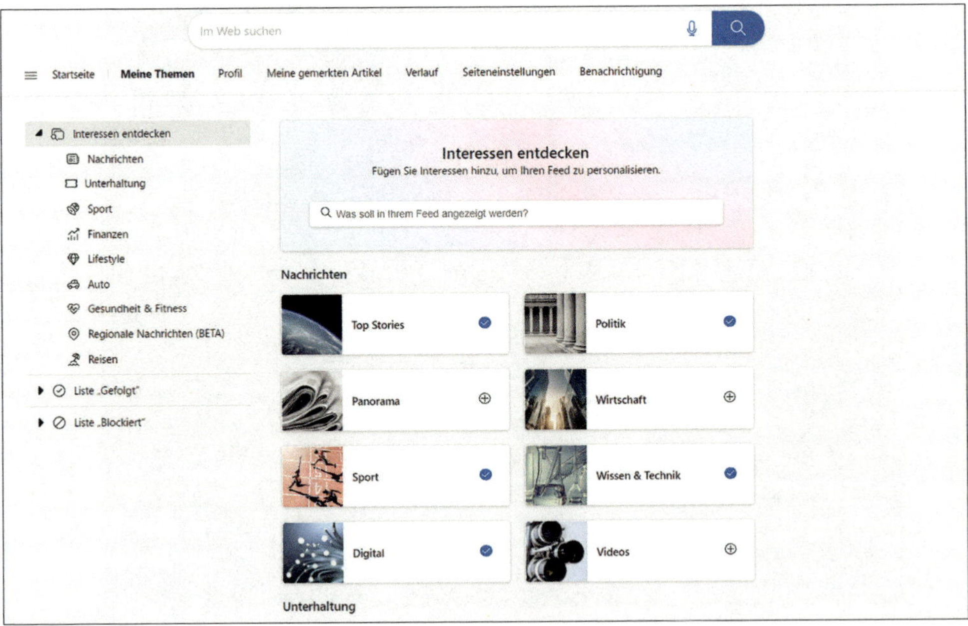

- Denken Sie bei all dem daran, dass Anpassungen der Widget-App durch Angabe persönlicher Interessen direkt Ihren Datenschutz betreffen!

Noch sehr unzufriedenstellend ist die Auswahl an Quellen, die mitunter eher fragwürdiger Provenienz sind. Zudem wird man beim Anklicken von Meldungen stets über den Edge-Browser weitergeleitet, ohne dass einem hier eine echte Alternative angeboten wird. Hier sollte Microsoft mittelfristig doch deutlich mehr Möglichkeiten anbieten.

Widget-App entfernen

Wenn Sie die neue Widget-App von Windows 11 nicht nutzen, sich dadurch genervt fühlen oder die Funktion grundsätzlich aus Datenschutzgründen ablehnen, können Sie sie mit einem einfachen Befehl von Ihrem System entfernen. Bei Bedarf lässt sich die App mit einem weiteren Befehl wieder zu Windows 11 hinzufügen.

- Drücken Sie die Windows-Taste, geben „Terminal" ein und öffnen Sie die App mit einem Rechtsklick als Administrator (siehe dazu Kapitel „Administrator aktivieren", ► Seite 64f).
- Geben Sie folgenden Befehl ein
  Get-AppxPackage MicrosoftWindows.Client.WebExperience* | Remove-AppxPackage
  und bestätigen mit der Enter-Taste.

Um die Widgets bei Bedarf wiederherzustellen, gehen Sie in den Microsoft Store, suchen Sie nach „Windows Web Experience Pack", laden die App herunter und installieren sie. Die Widgets sollten nun wieder da sein.

„Terminal" als Standard setzen

Wie erwähnt, bietet „Terminal" unter Windows 11 eine neue Möglichkeit, Einstellungen direkt in das System einzugeben und Änderungen an Windows vorzunehmen. Um die bisher dafür zuständigen „Eingabeaufforderung" und „PowerShell" durch das vielseitigere „Terminal" zu ersetzen, öffnen Sie diese zuerst. Geben Sie dafür „PowerShell" in die Windows-Suche ein und öffnen Sie die App. Klicken Sie oben auf „Einstellungen öffnen", klicken Sie dann im Bereich „Standardmäßige Terminalanwendung" rechts auf das Ausklappmenü, wählen Sie „Windows-Terminal" und klicken Sie unten auf „Speichern".

Weitere Programme und Funktionen in Windows 11

Praktische Werkzeuge, die Windows 11 bereits an Bord hat.

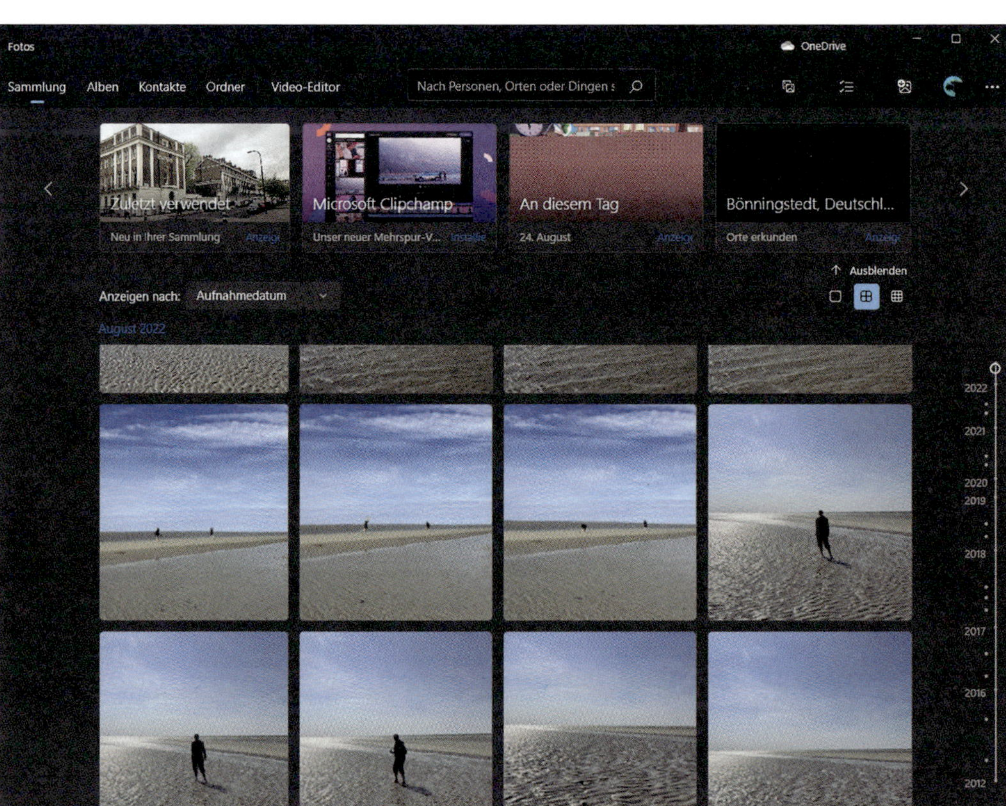
Fotos
OneDrive
Sammlung
Alben
Kontakte
Ordner
Video-Editor
Nach Personen, Orten oder Dingen s
Zuletzt verwendet
Neu in Ihrer Sammlung
Microsoft Clipchamp
Unser neuer Mehrspur-V...
An diesem Tag
24. August
Bönningstedt, Deutschl...
Orte erkunden
Ausblenden
Anzeigen nach:
Aufnahmedatum
August 2022
2022
2021
2020
2019
2018
2017
2016
2012

Die Fotos-App

Einen riesigen Sprung nach vorne hat erfreulicherweise die Fotos-App gemacht. Ist sie als Standard zum Anzeigen von Bildern festgelegt (über „Einstellungen", „Apps" und „Standard-Apps"), öffnet sie sich bei einem Doppelklick auf die gewünschte Datei automatisch. Klicken Sie oben in der erweiterten Menüleiste ganz links auf das Symbol für „Alle Fotos und Videos durchsuchen", um Ihre Sammlung zu verwalten. Wenn Sie Ihre Aufnahmen im Cloudspeicher OneDrive speichern, können Sie nun von der Fotos-App direkt darauf zugreifen. In der Übersichtsleiste unten können Sie mehrere Fotos für die neue „Multi-Ansicht" auswählen – toll, um Aufnahmen zu vergleichen. Sie können Favoriten auswählen und zahlreiche Bearbeitungsfunktionen nutzen. Neu hinzugekommen ist die Funktion „Markup", mit der Sie Fotos per Maus oder – falls Sie einen Touchscreen haben – Stift beschriften können. Hinter den drei Punkten ganz rechts in der Menüleiste verbergen sich elementare Funktionen wie „Drucken", „Größe ändern", „Diashow" oder „Teilen" (siehe ► Seite 156).

Snap-Assist

Die namensgebenden Windows-Fenster lassen sich seit geraumer Zeit an die Bildschirmränder anheften. Unter Windows 11 wurde diese auf den ersten Blick einfach scheinende Funktion abermals erweitert. Fahren Sie dazu mit dem Mauszeiger über die Titelzeile eines Fensters, also dort, wo der Name der Datei oder des Programms eingeblendet ist, die in diesem Fenster angezeigt werden. Klicken Sie mit links irgendwo auf eine leere Stelle der Leiste. Halten Sie die Maustaste gedrückt, um das Fenster zu greifen, und ziehen Sie es an den linken oder rechten Bildschirmrand oder in eine der vier Bildschirmecken.

Das Fenster heftet sich nun an den Bildschirmrand oder in eine Ecke, die anderen geöffneten Anwendungen werden auf dem Rest des Bildschirms verkleinert angezeigt. So können Sie – einen entsprechend großen Bildschirm vorausgesetzt – vier Fenster gleichzeitig geöffnet halten und parallel damit arbeiten. Das ist perfekt, zum Beispiel wenn Sie Inhalte zwischen zwei Anwendungen austauschen wollen.

Das aktuell geöffnete Fenster können Sie auch anheften, indem Sie die Windows-Taste gedrückt halten und eine der Pfeiltasten betätigen. Klicken Sie noch mal auf die Pfeiltaste, um die Position zu ändern: Das Fenster „wandert" von links in die Mitte, dann nach rechts und zurück. Haben Sie mehrere Displays angeschlossen, funktioniert das sogar über die Bildschirme hinweg. Es dauert etwas, bis man das Jonglieren mit den Fenstern wirklich beherrscht. Aber es lohnt sich, denn schon bald werden Sie darauf nicht mehr verzichten wollen!

Tipp. Snap-Assist lässt sich aber sogar noch um einige Funktionen erweitern. Dazu müssen Sie nur das Gratis-Tool „Power Toys" aus dem Microsoft Store (siehe dazu das Kapitel „Microsoft Store", ► Seite 110f) herunterladen. Mehr dazu erfahren Sie im Kapitel „Power Toys" (siehe ► Seite 172f).

Kommunikation

Ob beruflich oder privat: Kommunikation spielt sich derzeit vorwiegend über Videokonferenzen ab. Doch angesichts der Vielzahl der Anbieter und Programme kann man schon mal den Überblick verlieren. Wir haben die gängigsten Dienste zusammengestellt und geben Tipps zur Nutzung.

Teams

Unter den meistgenutzten Videochat-Diensten und von der Stiftung Warentest am besten bewertet. Die App, verfügbar für PC, Mac, iOS und Android, steht unter www.microsoft.com/de-de/microsoft-365/microsoft-teams/group-chat-software bereit. Die Gratis-Variante deckt die wichtigsten Funktionen für bis zu 300 Teilnehmer ab. Allerdings sind Besprechungen auf 60 Minuten begrenzt. Wer mehr möchte, braucht ein kostenpflichtiges Abo, das es ab 4,20 Euro pro Nutzer und Monat gibt. Teams ist Teil des Office-365-Pakets, in der Gratis-Version kann man sich mit den kostenlosen Web-Apps von Word, Excel und PowerPoint behelfen. So kann man auch gemeinsam an Dokumenten arbeiten.

Praxis-Tipp. Für Einsteiger etwas ungewohnt läuft das Initiieren von Gruppentreffen ab. Der Gastgeber verschickt per Mail Einladungen. Erhält man eine solche, muss man sie durch Klicken auf den angezeigten Link bestätigen. Dann wartet man in der „Lobby", bis der Initiator einen in die Besprechung ruft. Wer die Software nicht installieren möchte, kann Teams auch im Browser nutzen. Unterstützt werden aber nur der Edge-Browser und Google Chrome.

Skype

Telefonieren mit oder ohne Bild, das ermöglich dieser Dienst, der ebenfalls zum Microsoft-Konzern gehört. Auch Konferenzen mit bis zu 25 Teilnehmern sind möglich. Besitzen alle Teilnehmer ein Skype-Konto, sind die Verbindungen kostenlos. Anrufe ins Festnetz und zu Mobiltelefonen sind dagegen kostenpflichtig. Die Skype-Software kann unter https://www.skype.com/de/get-skype für PC, Mac und Linux heruntergeladen werden. Für Smartphones und Tablets gibt es Skype als Gratis-App. Für Videotelefonate werden

Alternativen zu Skype und Teams

FaceTime. Der Videochat-Dienst von Apple setzt voraus, dass alle Gesprächsteilnehmer ein iPhone, ein iPad oder einen Apple-PC („Mac") mit einer FaceTime-Kamera besitzen. Sind diese Voraussetzungen erfüllt, kann man mit FaceTime mit und ohne Bild gratis telefonieren und chatten. Als Nutzerkennung dient die Apple-ID. Auf dem iPhone registriert die FaceTime-App die Telefonnummer automatisch. Um zusätzlich eine E-Mail-Adresse zu registrieren, geht man in den „Einstellungen" zu „FaceTime" und „Apple-ID für FaceTime verwenden" und meldet sich mit seiner Apple-ID an.

Google Meet. Es ist nicht ganz klar, welche Strategie Google mit der Maßnahme verfolgt, seine einst kostenpflichtige Videokonferenz-App nun gratis abzugeben, zumal es mit „Google Duo" ja bereits einen Messenger für Mobilgeräte gibt. Interessant ist die Anbindung des virtuellen Konferenzraums an den Chrome-Browser. So lassen sich einzelne Browser-Tabs auswählen und mit den anderen Gesprächsteilnehmern teilen. Künstliche Intelligenz sorgt dafür, dass das Bild auch bei schlechter Beleuchtung gut ist und Hintergrundgeräusche gedämpft werden. Adresse: https://apps.google.com/meet/; Plattformen: PC, Android, iOS.

GoToMeeting. Software-Paket für alle, die Online-Meetings und -Videokonferenzen etwas professioneller angehen wollen. Am PC kann man eine Desktop-Version herunterladen oder direkt über den Browser Videomeetings starten. Eine Aufzeichnungsfunktion bietet die Möglichkeit, Aufnahmen nachträglich an einem virtuellen Whiteboard zu bearbeiten. Office 365 und Google Kalender können als Add-ons eingebunden werden, ebenso das Seminar-Tool GoToWebinar. Adresse: www.gotomeeting.com/de-de; Plattformen: PC, Android und iOS; Preis: 14 Tage kostenlos, danach als Abo ab ca. 12 Euro monatlich.

Zoom. Der US-Dienst war wegen offener Datenschutzfragen umstritten. Nun bietet auch Zoom eine sichere Ende-zu-Ende-Verschlüsselung an, die Unterhaltungen vor fremdem Zugriff schützt. Unter https://zoom.us/download kann man die Software oder eine Browser-Erweiterung herunterladen, die man für die Nutzung benötigt. Dort finden sich auch Apps für mobile Plattformen. Die Anmeldung ist kostenlos, danach kann man maximal 40-minütige Meetings für bis zu 100 Teilnehmer initiieren, im Fachjargon „hosten". Für den professionellen Einsatz empfiehlt sich ein Abo, das aktuell rund 140 Euro pro Jahr für eine Lizenz kostet. Vorbildlich ist der Hilfebereich (https://support.zoom.us/hc/de) mit leicht verständlichen Einführungsvideos.

ein Mikrophon und eine Kamera benötigt, die die meisten Laptops und Handys bereits mitbringen. Skype zeichnet sich vor allem durch seine leichte Bedienbarkeit aus.

Praxis-Tipp. Auch Dateien können mit Skype übertragen werden. Dazu klickt man auf den gewünschten Kontakt und dann rechts neben dem Eingabefenster auf die drei Punkte und „Datei hinzufügen". Weniger bekannt ist die Screen-Sharing-Funktion. Klickt man auf das Symbol (zwei Rechtecke), kann man dem Gesprächsteilnehmer zeigen, was auf dem eigenen Bildschirm vorgeht, etwa um Arbeitsschritte in einem bestimmten Programm zu erklären.

Die Zwischenablage

Seit Windows 10 ist die Zwischenablage von Windows ein einfaches, im Arbeitsalltag aber extrem effektives Werkzeug geworden. Wie Sie wahrscheinlich wissen, kann man überall in Windows, also nicht nur in den Office-Anwendungen, Texte, Grafiken oder Bilder mit der Tastenkombination „STRG + C" kopieren, mit „STRG + X" ausschneiden und mit „STRG + V" an einem beliebigen Ort wieder einfügen. Im Gegensatz zu früheren Windows-Versionen wird aber nicht mehr nur das jeweils letzte Element gespeichert. Unter Windows 11 kann die Zwischenablage stattdessen bis zu 25 Einträge aufnehmen. Um die Funktion zu aktivieren, müssen Sie über „Einstellungen" und „System" unter „Zwischenablage" zunächst die Option „Zwischenablageverlauf" auf „Ein" stellen.

Wenn Sie nun die Kombination „Windows-Taste + V" betätigen, werden die gespeicherten Elemente untereinander angezeigt und Sie können eines davon gezielt auswählen.

Mit dieser Tastenkombination können Sie außerdem so genannte Emojis, GIFs (animierte Bilder) oder Sonderzeichen einfügen.

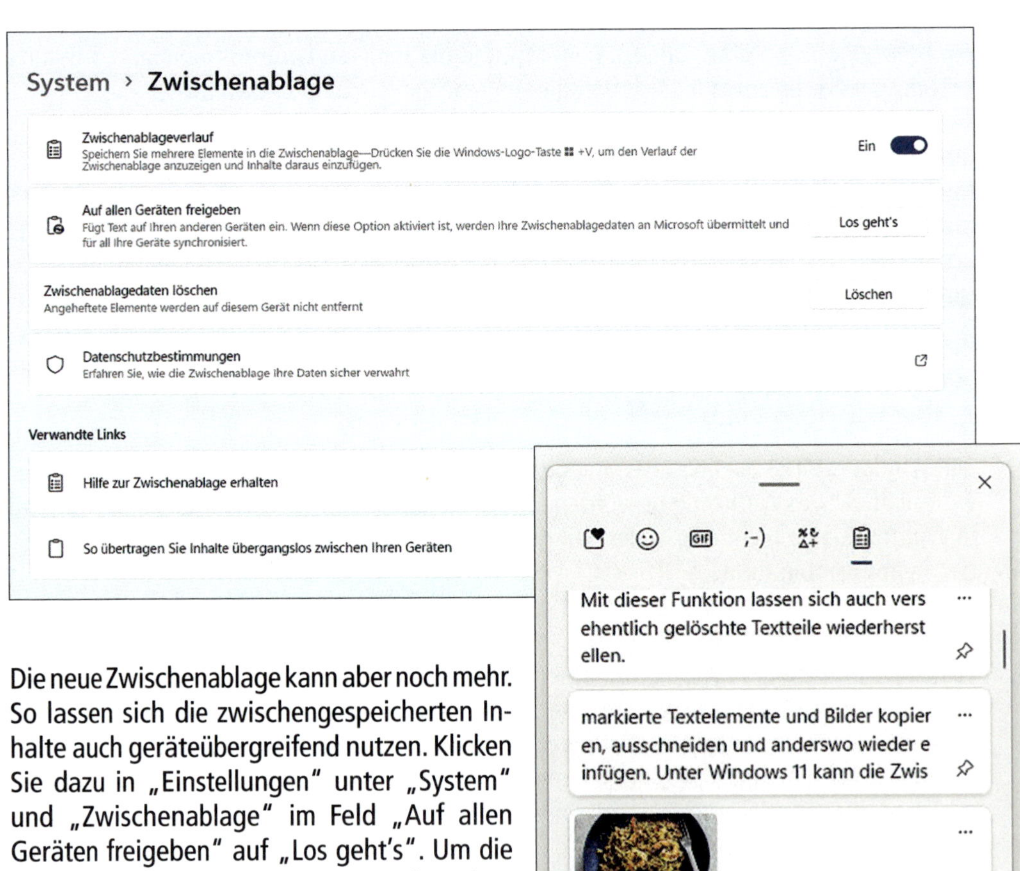

Die neue Zwischenablage kann aber noch mehr. So lassen sich die zwischengespeicherten Inhalte auch geräteübergreifend nutzen. Klicken Sie dazu in „Einstellungen" unter „System" und „Zwischenablage" im Feld „Auf allen Geräten freigeben" auf „Los geht's". Um die Freigabe zu bestätigen, müssen Sie Ihre Identität mit der Authenticator-App (siehe „Der

Microsoft Authenticator", ► Seite 170ff) bestätigen. Alternativ können Sie sich auch eine SMS oder eine E-Mail schicken lassen.

Sie sollten sich allerdings darüber im Klaren sein, dass das geräteübergreifende Teilen nicht unerheblichen Einfluss auf den Datenschutz hat. Denn damit werden ALLE von Ihnen kopierten oder ausgeschnittenen Inhalte unverschlüsselt über die Cloud geteilt, wo sie unter Umständen von Dritten abgefangen werden können. Das ist nicht ungefährlich, wenn Sie beispielsweise ein Passwort kopieren, um es in eine Anmeldemaske einzufügen.

Der Task-Manager

Wenn es beim Fahrrad nicht rundläuft oder etwas klemmt, benutzt man einen Rostlöser. Am PC gibt es dafür den „Task-Manager". Gestartet wird das in allen Windows-Versionen vorhandene Werkzeug mit der Tastenkombination „STRG + ALT + ENTF" oder einen Rechtsklick auf die Taskleiste am unteren Bildschirmrand. In beiden Fällen wählt man danach die Option „Task-Manager" aus. Im Register „Autostart" (unter Windows 7 heißt es noch „Systemstart") sind all jene Anwendungen verzeichnet, die beim Hochfahren des Rechners ohne Zutun des Nutzers aktiviert werden. Das sind eine ganze Menge, denn sie werden beim Installieren vieler Programme einfach ungefragt auf die „Autostart"-Liste gesetzt. Die Folge: Der PC braucht merklich länger zum Starten. Da man die wenigsten davon wirklich braucht, kann man sie einfach deaktivieren. Dazu klickt man die betreffenden Einträge an und klickt unten rechts auf „Deaktivieren". Die Maßnahme greift beim nächsten Hochfahren und hat keine Auswirkungen auf die Startfähigkeit. Die Programme lassen sich weiterhin manuell starten, was lediglich etwas länger dauern kann. Auch erscheinen die Programmsymbole nicht mehr in der Taskleiste, Updates müssen manuell gestartet werden. Zur Not lässt sich das Ganze einfach wieder rückgängig machen, indem man die Programme unter „Autostart" wieder aktiviert.

Hilfreich ist der Task-Manager auch dann, wenn ein Programm „einfriert" und sich nicht mehr beenden lässt. Dann geht man ins Register „Anwendungen" oder „Prozesse", klickt mit rechts auf den betreffenden Eintrag und wählt „Task beenden". Am gleichen Ort kann man auch sehr gut beobachten, welche Apps und Programme die meisten Systemressourcen verbrauchen. Überraschend mag es für den einen oder anderen Nutzer etwas sein, wie viel Arbeitsspeicher von Internet-Browsern wie Chrome beansprucht wird. Das sollte einen nun aber nicht verleiten, gleich „Task beenden" anzuklicken. Denn dadurch wird die Anwendung sofort gestoppt, und es gehen unter Umständen Daten verloren. Man kann auf diesem Weg aber sehr gut Systembremsen identifizieren und sie, falls man sie nicht wirklich braucht, endgültig von der Festplatte verbannen.

Task-Manager

Datei Optionen Ansicht

Prozesse Leistung App-Verlauf Autostart Benutzer Details Dienste

Name	Status	9% CPU	49% Arbeitss...	0% Datenträ...	0% Netzwerk
Apps (14)					
Einstellungen		0%	0 MB	0 MB/s	0 MBit/s
Google Chrome (67)		0%	2.643,0 MB	0 MB/s	0 MBit/s
Java(TM) Platform SE binary (32 ...		0%	570,1 MB	0 MB/s	0 MBit/s
Malwarebytes Tray Application		0%	4,6 MB	0 MB/s	0 MBit/s
Messenger (2)		0,1%	96,1 MB	0,1 MB/s	0 MBit/s
Microsoft Word (2)		0,1%	127,6 MB	0 MB/s	0 MBit/s
Neon		0%	33,3 MB	0 MB/s	0 MBit/s
Neon.BackgroundProcess		0%	32,2 MB	0 MB/s	0 MBit/s
NordVPN		0%	89,8 MB	0,1 MB/s	0 MBit/s
SecureSafe desktop app (2)		0,1%	5,2 MB	0 MB/s	0 MBit/s
Snagit Editor (3)		0%	135,0 MB	0 MB/s	0 MBit/s
Task-Manager		0,3%	52,8 MB	0 MB/s	0 MBit/s
Windows-Explorer (4)		0,1%	226,3 MB	0 MB/s	0 MBit/s

Weniger Details Task beenden

Barrierefreiheit

Jeder sollte unabhängig von eventuellen physischen Einschränkungen gleichberechtigten Zugang zu allen Lebensbereichen erhalten. Dieses sich zum Glück immer weiter durchsetzende Prinzip findet auch bei Windows verstärkt Eingang. Die unter „Erleichterte Bedienung" zusammengefassten Funktionen wurden in Windows 11 im „Einstellungen"-Bereich „Barrierefreiheit" zusammengefasst und erweitert. Er besteht aktuell aus drei Teilbereichen:

- **Sehen.** Hier kann man unter anderem Textgrößen und visuelle Effekte anpassen, die Bildschirmlupe einstellen sowie die Sprachausgabe aktivieren und konfigurieren.
- **Hörvermögen.** Lassen Sie sich Audiobenachrichtigungen visuell anzeigen oder schalten Sie nach Bedarf konfigurierbare Untertitel ein. Das Untermenü „Audio" enthält zudem nützliche Links zu Sound- und Lautstärkeeinstellungen in anderen Bereichen.
- **Interaktion.** Passen Sie hier alles an, was Spracherkennung, Eingabe über Maus und Tastatur wie die Augensteuerung per Eyetracker betrifft.

OneDrive

Microsofts Cloud-Speicher OneDrive wurde in den vergangenen Jahren kontinuierlich ausgebaut. In Windows 11 ist der OneDrive-Ordner bereits vorinstalliert. Sie finden ihn im Explorer in Form eines eigenen Laufwerks im Verzeichnisbaum auf der linken Seite. Falls nicht, können Sie die OneDrive-App unter https://onedrive.live.com/about/de-de/download/ herunterladen und selbst installieren. Sie können Dateien und Ordner in diesen Ordner ziehen, kopieren oder verschieben, und Sie können den Speicher als Ablage für Ihre Daten oder als Sicherungsort für die wichtigsten Dokumente nutzen.

Ist der PC mit dem Internet verbunden, werden die von Ihnen bestimmten Inhalte automatisch synchronisiert. Ihre Daten werden also parallel zur lokalen Speicherung auf der Festplatte in der Cloud abgelegt und Sie können sie bei Bedarf unter der Adresse https://onedrive.live.com/ online abrufen. Wenn Sie OneDrive zum ersten Mal auf Ihrem PC starten, werden Sie aufgefordert, OneDrive einzurichten. Ein OneDrive-Symbol (eine Wolke) befindet sich rechts in der Taskleiste. Klicken Sie darauf und dann auf das Zahnrad in der rechten oberen Ecke, um die Einstellungen zu öffnen. Klicken Sie dann im Reiter „Konto" auf „Ordner wählen" und setzen Sie einen Haken vor die Online-Ordner, die in Ihrem Datei Explorer angezeigt werden sollen. Unter „OneDrive" im Datei Explorer finden Sie die gewählten Ordner nun wieder. Sie können ihn öffnen, Dateien bearbeiten, verschieben und so weiter. Sie können also genau das tun, was Sie auch mit Inhalten tun können, die auf Ihrer Festplatte gespeichert sind. Öffnen Sie Dateien mit einem Doppelklick oder lassen Sie sich mit einem Rechtsklick weitere Optionen anzeigen.

Zugang zu Ihren OneDrive-Inhalten bekommen Sie über jeden beliebigen Browser über die Adresse https://onedrive.live.com/ wieder. Melden Sie sich mit Ihrem bestehenden Microsoft-Konto an. Klicken Sie auf „Neu", um einen neuen Ordner, eine Arbeitsmappe oder ein Dokument zu erstellen.

Das sollten Sie unbedingt beachten: Wenn Sie OneDrive-Ordner und -Dateien im Datei Explorer verändern oder löschen, wirkt sich das auf die in der Cloud gespeicherten Dateien aus! Verschieben Sie beispielsweise eine auf OneDrive gespeicherte Datei in einen lokalen Ordner, wird er online entfernt. Haben Sie einen Inhalt versehentlich gelöscht oder verschoben, ist das aber kein Grund zur Panik. Sie finden ihn online im „Papierkorb" von OneDrive wieder. Dort wird er 30 Tage aufbewahrt, sodass Sie ihn jederzeit wiederherstellen können.

Online oder offline?

Wollen Sie eine Datei auch offline, also ohne aktive Internetverbindung, nutzen, dann haben Sie dafür unterschiedliche Optionen.

- Öffnen Sie sie eine Datei im Datei Explorer mit einem Doppelklick. Der Inhalt wird automatisch zu einer lokal verfügbaren Datei, die Sie jederzeit auch ohne Zugriff auf das Internet öffnen können. Lokal verfügbare Ordner und Dateien sind mit einem grünen Häkchen auf weißen Grund markiert.
- Klicken Sie im OneDrive-Verzeichnis mit der rechten Maustaste auf einen Ordner oder eine Datei. Wählen Sie im Kontextmenü „Immer auf diesem Gerät beibehalten". Die betreffenden Inhalte werden heruntergeladen und mit einem weißen Häkchen auf grünem Grund markiert.
- Eine blaue Wolke zeigt an, dass der betreffende Inhalt nur online gespeichert ist. Ist daneben ein Strichmännchen zusehen, haben Sie den Inhalt über die „Teilen"-Funktion online mit anderen geteilt. Sind zwei blaue Pfeile zu sehen, wird der Ordner gerade synchronisiert.
- Offline verfügbare Ordner können eine Menge Speicherplatz beanspruchen. Klicken Sie mit rechts auf den Eintrag und wählen Sie „Speicherplatz freigeben". Nun ist der Ordner oder die Datei nur noch online gespeichert und nicht mehr offline verfügbar – und Sie haben wieder mehr Platz auf der Festplatte.

Screenshots machen, ausschneiden und skizzieren

Schon lange kann man mit der DRUCK-Taste ein Bildschirmfoto machen, das sich mit „STRG + EINFG" in beliebige Dokumente kopieren lässt. Die Kombination „WIN + DRUCK" speichert die Aufnahme im Ordner „Benutzer", „Nutzer", „Bilder", „Bildschirmfotos". Betätigt man gleichzeitig Windows- und Umschalt-Taste sowie den Buchstaben S, öffnet sich am oberen Rand ein kleiner Menübalken, über den man den abzufotografierenden Bereich festlegen kann. Für ein Rechteck klicken Sie einfach auf einen Punkt auf dem Bildschirm und ziehen die gedrückte Maustaste bis zum gewünschten Punkt. Lassen Sie die Maustaste los, landet das Bild in der Zwischenablage (siehe „Die Zwischenablage", ► Seite 161ff).

Es erscheint automatisch eine Benachrichtigung, dass das Foto in die Zwischenablage kopiert wurde. Klicken Sie darauf, öffnet sich die Bearbeitungsfunktion. Damit lassen sich Bereiche farblich markieren oder ausschneiden, Notizen einfügen und vieles mehr. Über den Pfeil rechts oben kann man das Ergebnis mit anderen teilen, die drei Punkte öffnen ein weiteres Menü, über das man die Aufnahme unter anderem direkt ausdrucken kann. Über „Einstellungen" legt man weitere Optionen fest, etwa dass Ausschnitte in neuen Fenstern geöffnet werden sollen.

Der Edge-Browser

War Microsofts Internet Explorer einst ein Synonym für die Fremdbestimmung der Nutzer, hat sich der seit seiner Einführung immer weiter verbesserte Edge-Browser zu einem flexiblen Werkzeug gemausert – und damit zu einer echten Alternative zu Chrome, Firefox und Co. Die neue Funktion „Sammlungen" denkt das Lesezeichen-Prinzip konsequent weiter und bietet ungewöhnliche Wege der Verwaltung von Web-Inhalten. Bei Erweiterungen kann man sogar auf den Chrome Store von Google zurückgreifen, womit Hunderte von praktischen Add-ons zur Verfügung stehen.

Personalisieren. Das Erscheinungsbild der Startseite wie auch der Inhalte, die man nach dem Öffnen jedes neuen Tabs – also jener Registerkarten, in denen geöffnete Seiten angezeigt werden – zu sehen bekommt, lässt sich weitgehend frei anpassen. Klicken Sie auf das Zahnrad oben rechts und probieren Sie aus, welches Design für Sie am besten funktioniert. Über „Themen anpassen" in der Menüleiste unterhalb des Start-Fotos bestimmen Sie die inhaltliche Ausrichtung. Da sich die Anbieter der Inhalte leider nur sehr eingeschränkt auswählen lassen, bietet es sich an, zumindest die Startseite mit einem eigenen News-Portal zu verknüpfen. Klicken Sie dazu auf die drei Punkte oben rechts, dann auf „Einstellungen" und wählen Sie links „Beim Start" aus. Unter „Bestimmte Seite oder Seiten öffnen" können Sie nun eine Adresse angeben, die künftig automatisch beim Start von Edge angezeigt wird. Klicken Sie dagegen in der Tab-Leiste oben auf das + für „Neuer Tab" oder wählen alternativ die Kombination „STRG + T", wird die Edge-Startseite aufgerufen.

Sammlungen. Eine tolle Funktion – neben vielen anderen Neuerungen, deren Aufzählung den Rahmen sprengen würde – heißt „Sammlungen". Im Grund handelt es sich um eine Erweiterung des Prinzips der Lesezeichen, die bei Edge „Favoriten" heißen und sich hinter dem Stern-Symbol oben rechts in der Adressleiste verbergen. Es bietet sich übrigens an, sich mit dem eigenen Windows-Konto bei Edge anzumelden, denn dann lassen sich die Favoriten und vieles andere über mehrere Geräte hinweg synchronisieren – inklusive Android-Smartphones oder iOS-Geräte. Rechts neben den Favoriten findet sich das Symbol für die „Sammlungen". Klickt man darauf und dann auf „+ Aktuelle Seite hinzufügen", wird die aufgerufene Seite in eine Sammlung aufgenommen. Deren Name lässt sich durch Anklicken ändern, man kann eigene Notizen hinzufügen, die Reihenfolge der als kleines Vorschaufenster angezeigten Einträge durch Anklicken und Ziehen verändern. Über die drei Punkte oben rechts kann man Sammlungen direkt an Word oder Excel senden und dort abspeichern.

Add-ons. Microsoft tat sich lange schwer, das Einbinden von Erweiterungen zuzulassen. Nun klickt man dazu einfach auf die drei Punkte oben rechts und dann auf „Erweiterungen". Ganz unten findet sich der Link „Erweiterungen für Microsoft Edge abrufen". Der Clou ist, dass man über den Textlink darunter auch Add-ons aus Googles „Chrome Web Store" abrufen und installieren kann. Damit hat man nun Zugriff auf Hunderte von Zusatzfunktionen wie Videodownloader, kostenlose Passwort-Manager oder Datenschutz-Erweiterungen wie Ghostery. Ich kann Sie nur ermuntern, das eine oder andere einmal auszuprobieren. Denken Sie aber daran, dass zu viele oder schlecht programmierte Add-ons Tempo und Stabilität des Browsers beeinträchtigen können. Bei Bedarf können Sie sie unter „Installierte Erweiterungen" aber jederzeit deaktivieren oder ganz entfernen.

Der „Microsoft Authenticator"

Um sich Zugang zu Ihren Daten zu verschaffen, brauchen Kriminelle nur eine Mail-Adresse und das dazugehörige Passwort. Damit haben sie beispielsweise Zugriff auf Ihr Microsoft-Konto und damit unter anderem auch auf Ihre Mails und den Online-Speicher OneDrive. Auch andere Dienste und soziale Netzwerke wie Amazon, Google, Facebook sind oft kaum gegen fremde Zugriffe geschützt. Zum Schutz vor fremden Zugriffen gibt es den kostenlosen „Microsoft Authenticator" für iOS und Android. Sinn der App ist es, die eigene Identität online zu bestätigen und so alle Konten zuverlässig zu schützen. Eine kleine Vorwarnung: Das Ganze hört sich etwas kompliziert an, ist aber eigentlich keine allzu große Sache.

Der erste Schritt, den Sie tun müssen, spielt sich nicht in der App, sondern innerhalb des Kontos ab, das Sie schützen wollen. Für dieses Konto müssen Sie nämlich zunächst eine „Zwei-Faktor-Authentifizierung" aktivieren. Je nach Kontoart kann diese Sicherheitsfunktion auch „zweistufige Bestätigung" oder „zweistufige Prüfung" heißen. Zum Beispiel Facebook: Gehen Sie in die „Einstellungen" (ganz rechts in der oberen Menüleiste) und dort dann links auf „Sicherheit und Login". Unter „Erweiterte Sicherheitseinstellungen" klicken Sie im Segment „Verwende die zweistufige Authentifizierung" auf „Bearbeiten". Klicken Sie in der Liste unter „Codegenerator" auf „App Dritter" und geben Sie erneut Ihr Facebook-Passwort ein. Bei der nächsten Anmeldung werden Sie nun nicht nur nach Ihrem Kennwort gefragt, sondern müssen Ihre Identität zusätzlich auf einem weiteren Wege bestätigen.

Genau hier kommt die Authentificator-App ins Spiel. Denn damit können Sie Ihr Smartphone verwenden, um Ihre Identität zu verifizieren. Klar, dass Sie Konto und App dazu erst einmal miteinander bekannt machen müssen. Tippen Sie dazu in der App auf „Konto hinzufügen" und scannen Sie den in Facebook angezeigten QR-Code oder geben Sie den geheimen Schlüssel ein, der direkt darunter angezeigt wird. Die App generiert nun im Minutentakt einen Sicherheitscode. Geben Sie diesen in das Facebook-Dialogfeld ein und bestätigen Sie die Eingabe. Diese aus Sicherheitsgründen immer wieder neu erstellte Zahlenkombination brauchen Sie nun immer zusätzlich zu Ihrem Passwort, um sich neu bei Facebook anzumelden. Ohne Ihr Handy ist also keine Anmeldung möglich, sodass Sie den Schlüssel zu Ihrem Konto nun immer bei sich tragen.

Für andere Konten funktioniert das im Prinzip genauso. Melden Sie sich beispielsweise unter https://account.live.com bei Ihrem Microsoft-Konto an, gehen Sie in den Konto-Einstellungen zu „Sicherheit“, klicken ganz unten auf den blau unterlegten Textlink „Weitere Sicherheitsoptionen“ und „Prüfung in zwei Schritten einrichten“. Für iOS-Geräte führt der Weg über die Seite https://appleid.apple.com/at, „Ihre Apple-ID verwalten“ und „Passwort und Sicherheit“. Bei Apple heißt das Ganze nun „Zweistufige Bestätigung“, die Sie über „Erste Schritte“ einrichten. Folgen Sie dann jeweils der Anleitung auf dem Bildschirm. Danach melden Sie das zu schützende Konto in der Authentificator-App an – und das war's. Um sich nicht selbst auszusperren, müssen Sie Ihr Smartphone nun allerdings immer dabei haben. Aber ohne Türschlüssel geht man schließlich auch nicht aus dem Haus.

PowerToys

Windows-Funktionen kommen und gehen. Manche, wie etwa die unter Windows 11 verschwundene Timeline, wird wohl kaum jemand vermissen. Manches dagegen bleibt ewig im Stadium des „Wäre es nicht praktisch, wenn…?“ Microsoft hat daher vor einiger Zeit eine Art digitalen Spielplatz geschaffen, auf dem sich findige Entwickler nach Herzenslust austoben können. Die „PowerToys“ können Sie gratis aus dem Microsoft Store herunterladen. Hier kommen ständig neue Funktionen hinzu, an dieser Stelle seien nur eine Handvoll hervorgehoben. Nach dem Start von PowerToys landen Sie direkt in den Einstellungen und können dort festlegen, welche Funktionen Sie nutzen wollen, und diese auch noch nach Ihren eigenen Bedürfnissen anpassen.

Noch recht einfach gestaltet ist „Immer im Vordergrund“. Mit der Kombination „Windows-Taste, STRG und T“ (sofern Sie es nicht anders festlegen) ertönt ein kurzes Signal, schon bekommt das gerade im Vordergrund befindliche Fenster einen Rahmen. Wie immer Sie andere Fenster nun hin und her bewegen: Das Fenster bleibt im Vordergrund, bis Sie die Tastenkombination wiederholen. Mit „FancyZones" haben Sie noch mehr Möglichkeiten. Die Kombination „Windows-Taste + Ö" öffnet einen Editor, in dem Sie den Bildschirm nahezu beliebig in Zonen einteilen können. Halten Sie nun die Umschalt-Taste gedrückt und packen ein Fenster durch Anklicken und Festhalten des oberen Randes, um es zu bewegen, erscheint das zuvor definierte Raster auf dem Monitor. Nun ziehen Sie das Fenster genau dahin, wo Sie es haben wollen, und es rastet dort ein. Mit den anderen Fenstern verfahren Sie genauso. Fahren Sie mit dem Mauszeiger oben rechts im Fenster über das Minimieren-Maximieren-Symbol, können Sie Raster und Fensterposition schnell wechseln. Sie werden sehen: So effektiv haben Sie noch nie mit Windows-Fenstern gearbeitet!

Einfach und doch sehr effektiv ist auch die „Bildgrößenänderung". Ist sie aktiviert, können Sie direkt im Datei-Explorer die Größe von Bildern ändern, beispielsweise um sie besser verschicken oder auf einer Webseite einbauen zu können. Klicken Sie einfach mit rechts auf das Bild und wählen Sie „Größe von Bildern ändern". Markieren Sie mit gedrückter Umschalt-Taste mehrere Bilder, können Sie sie in einem Rutsch verkleinern. Mit dem „Tastatur-Manager" können Sie die Tasten Ihres Keyboards neu zuordnen, was durchaus praktisch sein kann. Und schließlich gibt es den Bereich „Mausdienstprogramme", der mit ein paar interessanten Funktionen aufwartet. Passiert es Ihnen zum Beispiel häufiger, dass Sie Ihren Mauscursor nicht mehr wiederfinden? Ist „Meine Maus suchen" aktiviert, müssen Sie nur zweimal die STRG-Taste betätigen, dann macht der Cursor auf sich aufmerksam. Finden Sie Ihre Maus auf dem Schreibtisch nicht mehr, müssen Sie jedoch leider auch weiterhin analog nach ihr suchen.

Medienwiedergabe

Musik und Video werden heute zumeist gestreamt, physische Datenträger haben – zumindest beim durchschnittlichen Nutzer – ausgedient. Streamen können Sie über den Browser, indem Sie die Seite des Anbieters, den Sie abonniert haben oder kostenlos mit Werbung nutzen, aufrufen. Die großen Video- und Musik-Streaming-Anbieter wie Amazon Music, Deezer, Netflix, Disney+ und so weiter haben aber auch kostenlos herunterladbare Player-Apps für Windows im Programm, und natürlich funktionierten sie auch unter Windows 11.

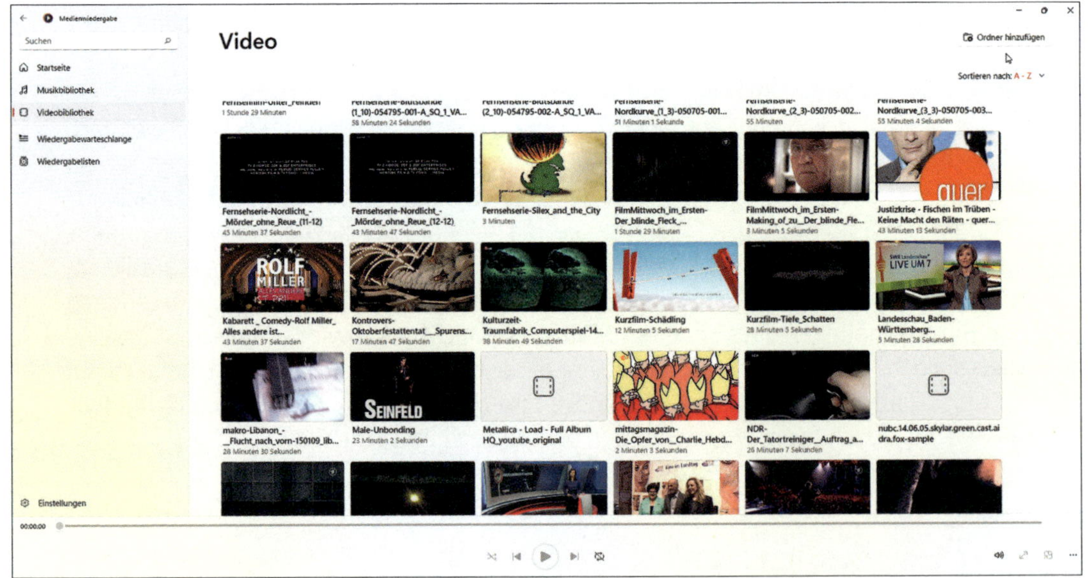

Viele Rechner haben inzwischen kein CD/DVD-Laufwerk mehr, unter Windows 10 war der Media Player versteckt. Unter Windows 11 ist er nun ganz verschwunden – doch keine Sorge, Microsoft hat für Ersatz gesorgt. Die in Windows 11 vorinstallierte App heißt recht schmucklos „Medienwiedergabe". Wenn Sie sie über das Suchfeld nicht finden, können Sie sie auch aus dem Microsoft Store herunterladen – natürlich kostenlos.

Beim Start sucht „Medienwiedergabe" nach Musikdateien und Videos, allerdings meist nicht sehr erfolgreich. Klicken Sie oben rechts auf „Ordner hinzufügen" und wählen Sie dann ein Verzeichnis aus (es kann sich beispielsweise auch auf einem externen Datenspeicher befinden), wo Sie Ihre Mediendateien aufbewahren.

Der Rest ist ziemlich selbsterklärend. Wenn Sie zum Beispiel im Bereich „Musik" einen Song auswählen, erscheint oben eine Bedienungskonsole mit den gewohnten Elementen, Abspielen, Pause und so weiter.

Wie bei den Apps von Spotify, Deezer und Co. können Sie Playlists erstellen. Oder Sie klicken mehrere Songs an und lassen sie dann hintereinander abspielen – eine tolle Funktion zum spontanen Erstellen Ihres individuellen Radioprogramms. Anders als bei

Streaming-Diensten müssen sich die Musikdateien natürlich in einem gängigen Audioformat abgespeichert auf Ihrem System befinden.

Eine Alternative zur eingebauten Medienwiedergabe ist „DVD Spieler (Any DVD)", den Sie ebenfalls kostenlos im Microsoft Store bekommen. Damit bekommt Windows neben einem recht brauchbaren Videoabspiel-Tool zugleich auch noch einen Videokonverter, Bildschirmrecorder und Videokompressor. Haben Sie noch ein DVD-Laufwerk, sei es eingebaut oder extern, können Sie damit auch Ihre auf Silberscheiben gespeicherten Filme und Aufnahmen abspielen.

Sicherheit

Windows 11 bringt bereits viele Sicherheitsfunktionen mit. Richtig benutzt, schützen sie zuverlässig vor Datenverlust und Angriffen.

Der Windows Defender

Das Betriebssystem bemüht sich im Ernstfall um Schadensbegrenzung – und das immer zuverlässiger. Experten wie das Testinstitut AV-Test bescheinigen den eingebauten Schutzfunktionen von Windows höchste Wirksamkeit. Wer auf Extras wie eine komfortablere Benutzeroberfläche oder integrierte Back-up-Optionen verzichten kann, braucht also keine zusätzlichen Programme mehr. Ist keine andere Schutzsoftware aktiv, tritt automatisch das Windows-Immunsystem in Aktion. Damit dabei alle Register gezogen werden, muss man aber selbst aktiv werden.

War der Selbstschutz lange unter dem Namen Windows Defender bekannt, spricht Microsoft inzwischen nur noch von „Windows-Sicherheit" und meint damit gleich ein ganzes Paket von Funktionen und Einstellungsoptionen. Man findet sie über die „Einstellungen" (Windows-Start-Button, Zahnrad-Symbol) im Bereich „Update & Sicherheit". Wenn man schon einmal dort ist, sollte man als Erstes überprüfen, ob Windows auf dem neuesten Stand ist. Denn die Updates sind und bleiben der Dreh- und Angelpunkt jedes Sicherheitskonzepts. Danach klickt man auf „Windows-Sicherheit" und „Windows-Sicherheit öffnen". Unter „Sicherheit auf einen Blick" sind die wichtigsten Schutzbereiche aufgeführt. Im Idealfall sind alle mit grünen Häkchen versehen, ein orangefarbenes Warndreieck weist auf Handlungsbedarf hin. So oder so lohnt es sich, einmal die einzelnen Bereiche aufzurufen. Unter „Viren- & Bedrohungsschutz" und „Updates für Viren- & Bedrohungsschutz" kann man überprüfen, ob die Sicherheitsinformationen aktuell sind. Das ist entscheidend dafür, dass Windows auch neuere Bedrohungen erkennen kann. Etwas weiter oben kann man eine Schnellüberprüfung durchführen. Das bietet sich etwa an, wenn sich der PC auffällig verhält.

Ganz unten findet sich der Bereich „Ransom-Schutz". Ransomware gehört zu den derzeit am meisten gefürchteten Bedrohungen. Bei einer solchen Attacke verschlüsseln

Erpresser Ordner oder ganze Festplattenbereiche, um dafür „Lösegeld" zu kassieren. Gegen sogenannte Krypto-Trojaner kann man über „Ransom-Schutz verwalten" den „Überwachten Ordnerzugriff" aktivieren. Unter „Geschützte Ordner" kann man seine wichtigsten Daten vor fremdem Zugriff schützen. Dann dürfen nur noch als vertrauenswürdig eingestufte Programme darauf zugreifen. Blockiert Windows dabei ein Programm, das man dennoch weiter nutzen möchte, kann man es über „App durch überwachten Ordnerzugriff zulassen" auf eine sogenannte Whitelist setzen lassen. Programmen, die darin verzeichnet sind, wird weiter Zugang zu den geschützten Ordnern gewährt.

Die „Windows-Sicherheit" hat aber noch einiges mehr zu bieten – wenn man die entsprechenden Einstellungen vornimmt. So sollte in den „Einstellungen zum Viren- und Bedrohungsschutz" nicht nur der „Echtzeitschutz" aktiviert sein. Auch bei „Cloud-basierter Schutz" und „Automatische Übermittlung von Beispielen" sollte der Schalter auf „Ein" stehen. Denn dann kann Windows fragwürdige Vorgänge so lange verzögern, bis auf den Microsoft-Servern mit Hilfe von künstlicher Intelligenz bewertet wurde, ob es sich um eine Bedrohung handeln könnte. Dass dabei Informationen nach außen getragen werden, ist aus Datenschutzsicht zugegebenermaßen nicht ganz unbedenklich. Doch sollte man sich klar machen, dass es sich bei den übermittelten Daten oft ohnehin um Software zweifelhafter Herkunft handelt.

Die Windows-Firewall

Das Sicherheitskonzept von Windows ruht auf vielen Säulen und beinhaltet weit mehr als den Windows Defender oder, wie Microsoft es heute meist nennt, die „Windows-Sicherheit". Dazu gehört auch eine Firewall, die den ein- und ausgehenden Datenverkehr überwacht. Um nachzuschauen, ob sie aktiv ist, gibt man „Firewall" in das Suchfeld neben dem

Windows-Start-Button ein und klickt auf „Firewallstatus überprüfen". Über „Windows Defender Firewall ein- oder ausschalten" lässt sich die Schutzfunktion bei Bedarf aktivieren. Alternativ klickt man auf „Firewall & Netzwerkschutz", was direkt in die „Einstellungen" führt. Über „Zugriff von App durch Firewall zulassen" kann man einzelnen Programmen explizit erlauben, mit dem PC zu kommunizieren. Das sollte man aber nur dann tun, wenn man sich sicher ist, dass ein von der Firewall blockiertes Programm unbedenklich ist.

Windows Hello

„Windows Hello" begegnet den meisten Nutzerinnen und Nutzern das erste Mal, wenn sie gefragt werden, ob sie sich statt mit ihrem Microsoft-Passwort mit einer PIN am PC anmelden wollen. Nun mag es zunächst verwundern, dass eine vierstellige Nummer sicherer sein soll als ein Passwort. Dem ist aber tatsächlich so, da Hello die Eingabe verzögert, wenn mehrmals ein falscher Code eingegeben wurde. Hacker-Programme, die in Sekundenschnelle Tausende von Möglichkeiten durchprobieren können, werden somit ausgebremst. Sicherer als eine PIN sind biometrische Daten wie etwa der Fingerabdruck oder ein Scan des eigenen Gesichts als Identitätsnachweis. Dazu muss der PC aber entsprechend ausgestattet sein. Um Hello einzurichten, geht man in die Windows-Einstellungen (Start-Button, Zahnrad-Symbol) und dort auf „Konten" und „Anmeldeoptionen".

Ein Wiederherstellungslaufwerk erstellen

Mit wenig Aufwand lässt sich mit Windows-Bordmitteln schon einiges erreichen. Vollkommene Sicherheit gibt es in der digitalen aber genauso wenig wie in der greifbaren

Welt. Wird der PC von einem Schädling befallen, muss man damit rechnen, dass er nicht mehr ordnungsgemäß startet. In dieser Situation geht es meist erst einmal darum, so viele Daten wie möglich zu retten. Dafür ist es äußerst hilfreich, wenn man zuvor einen „Systemreparaturdatenträger" erstellt hat. Falls Sie noch einen CD- oder DVD-Brenner besitzen, legen Sie ein leeres Medium ein. Geben Sie in das Eingabefeld neben dem Windows-Start-Button „Sys" ein und klicken Sie auf „Systemsteuerung". Unter „System und Sicherheit" klicken Sie dann auf „Sichern und Wiederherstellen (Windows 7)" und wählen Sie im sich öffnenden Fenster „Systemreparaturdatenträger erstellen". Noch besser ist ein USB-Rettungslaufwerk, denn darauf wird auch gleich ein Systemabbild gespeichert. Auch das funktioniert in der „Systemsteuerung". Dort geben Sie in das rechte obere Eingabefeld „Wiederherstellungslaufwerk" ein, klicken dann auf „Wiederherstellungslaufwerk erstellen" und folgen den Anweisungen. Sie brauchen einen USB-Speicherstick mit mindestens 16 GB Speicherplatz für etwa fünf oder sechs Euro. Sie können auch eine externe Festplatte benutzen, allerdings werden sämtliche Daten auf dem Datenträger gelöscht.

Der Witz an so einem Wiederherstellungslaufwerk ist, dass man den PC im Ernstfall damit starten kann. Um sicherzugehen, dass das auch zuverlässig funktioniert, müssen Sie in das BIOS oder UEFI schauen. Das ist das in der „Firmware" des Rechners enthaltene, von Windows unabhängige Startsystem. Wie das genau geht, entnehmen Sie bitte der Anleitung zu Ihrem PC, denn das Vorgehen ist bei jedem Modell ein bisschen anders. In der Regel müssen Sie beim Hochfahren des Rechners, sobald ein entsprechender Hinweis erscheint, eine bestimmte Taste drücken, etwa „ENTF". Suchen Sie dann nach einem Eintrag wie „Boot Sequence" oder „Boot Order". In der Liste muss „External Disk", „CD/DVD" oder „USB Disk" noch vor Ihrer Festplatte („HDD") als „Boot Device" stehen. Bei jedem Neustart überprüft das System dann erst einmal, ob es ein alternatives Laufwerk gibt, von dem aus der PC gestartet werden kann. Denken Sie daran: Um Windows ganz normal von der

Festplatte zu starten, darf das Wiederherstellungslaufwerk dann nicht angeschlossen sein! Funktioniert Windows nicht mehr richtig und Sie haben den Verdacht, dass sich ein Schädling eingenistet hat, können Sie auch auf den „Microsoft Defender Offline" zurückgreifen. Wie es der Name schon nahelegt, sucht dieser auch ohne Internetverbindung nach Störquellen. Sie finden ihn in den „Einstellungen" unter „Update und Sicherheit/Windows-Sicherheit/Viren- & Bedrohungsschutz/Scanoptionen". Wählen Sie dort „Überprüfung durch Windows Defender Offline" aus und klicken Sie auf „Jetzt überprüfen". Sobald Sie wieder Zugang zu Ihren Daten haben, sollten Sie sichern, was immer Sie sichern können. Aber vielleicht haben Sie ja auch hier vorgesorgt und eine Sicherungskopie erstellt. Denn wie gesagt: Entscheidend ist, wie gut man auf den Ernstfall vorbereitet ist.

Ordner und Laufwerke verschlüsseln

Sensible Daten schützt man am effektivsten, indem man sie verschlüsselt. Unter Windows ist das mit Bordmitteln möglich, aber leider nur, wenn man eine Pro-Edition besitzt. Warum Microsoft diese Funktion nicht auch in Windows Home integriert, fragen sich Sicherheitsexperten schon lange. Schließlich hat der Konzern in den vergangenen Jahren viel dafür getan, Windows ohne zusätzliche Software wasserdicht zu machen. Die Verschlüsselungsfunktion heißt auch unter Windows 11 wie bisher „Bitlocker". Um sie zu aktivieren, gibt man „Bitlocker" in das Eingabefeld neben dem Windows-Start-Button ein und klickt dann auf „BitLocker verwalten". Danach klickt man neben dem Laufwerk, das man verschlüsseln möchte, auf „BitLocker aktivieren" und gibt ein Kennwort ein. Das Laufwerk kann ein bestimmter Bereich der Festplatte (man spricht von einer „Partition") sein, aber auch eine externe Festplatte oder ein USB-Speicherstick. Entschlüsseln lassen sich verschlüsselte Datenträger übrigens auch auf PCs mit der Windows-Home-Edition.

Wer einen PC mit Windows-Home-Edition hat oder nicht ganze Partitionen oder Festplatten, sondern nur einzelne Ordner verschlüsseln möchte, der kann zu einer Alternative greifen. Unter den unzähligen Programmen dieser Art hat sich das kostenlose VeraCrypt bewährt. Unter der Adresse www.veracrypt.fr/en/Downloads.html kann man die Installationsdatei herunterladen. Nach Installation und Start lässt sich – falls nötig – über die obere Menüleiste die deutsche Sprachversion aktivieren. Danach klickt man auf „Volume erstellen" und folgt den auch für Laien gut verständlichen Anweisungen. Wer sich auf seinem PC mit einem Microsoft-Konto anmeldet, kann seine Passwörter auch online verwalten – sonst sind verschlüsselte Daten bei Verlust des Passworts verloren. Auch Cloud-Speicher lassen sich vor unbefugtem Zugriff schützen. Dazu gibt es Dienste wie Boxcryptor, eine kostenlose Basisversion des Programms kann man unter www.boxcryptor.com herunterladen.

Persönliche Dateien und Ordner verbergen

Wenn ein Schreibtisch von mehreren Personen genutzt wird, kann man nach getaner Arbeit einfach alles in einer Schublade verschwinden lassen. Das geht auch unter Windows, und zwar mit Bordmitteln!

Klicken Sie mit der rechten Maustaste auf eine leere Stelle auf dem Desktop, dann auf „Ansicht" und entfernen Sie den Haken vor „Desktopsymbole anzeigen". Nun sind alle Icons wie von Zauberhand verschwunden, dazugehörige Programme und Dateien können nur noch über das Startmenü geöffnet werden. Um sie wieder sichtbar zu machen, setzen Sie einfach wieder den Haken. Wollen Sie auf die Schnelle eine ganze Arbeitsumgebung verschwinden lassen, klicken Sie auf das „Aktive Anwendungen"-Symbol (siehe dazu das Kapitel „Virtuelle Desktops", ► Seite 105ff) rechts neben dem

Windows-Suchfeld in der Taskleiste am unteren Bildschirmrand. Klicken Sie dann oben auf „Neuer Desktop“ – und alle geöffneten Dokumente und Anwendungen werden unsichtbar. Sie können jederzeit zwischen beliebig vielen Desktops mit unterschiedlichen Inhalten hin- und herwechseln. Stört es Sie, dass andere Nutzer sehen, was Sie zuletzt gemacht haben, gehen Sie in den Windows-Einstellungen („Windows-Taste + I“) zu „Personalisierung“ und „Start“. Hier deaktivieren Sie „Zuletzt geöffnete Elemente (…) anzeigen“.

Um einen einzelnen Ordner zu verbergen, öffnen Sie den Datei-Explorer mit „Windows-Taste + E“. Klicken Sie mit der rechten Maustaste auf den Ordner, dann auf „Eigenschaften“ und aktivieren Sie „Versteckt“. Ganz verschwunden ist er aber nur, wenn Sie in der Menüleiste oben im Register „Ansicht“ den Haken vor „Ausgeblendete Elemente“ entfernen. Über „Datei“ und „Ordneroptionen“ können Sie zudem unter „Versteckte Dateien und Ordner“ die Option „Ausgeblendete Dateien, Ordner oder Laufwerke nicht anzeigen“ aktivieren oder deaktivieren. Soll es nicht ganz so einfach gehen, Verstecktes wieder sichtbar zu machen, gehen Sie in die „Eingabeaufforderung“, die sich mit dem Befehl „cmd.exe + Return“ (Eingabetaste) über das Windows-Suchfeld öffnen lässt. Nehmen wir an, Sie haben den Ordner auf dem Laufwerk C „Geheim“ genannt, dann geben Sie nun den Befehl „attrib +s +h C:\Geheim“ ein und bestätigen mit Return. Mit dem Befehl „attrib -s -h C:\Geheim“ machen Sie ihn wieder sichtbar.

Übrigens lässt sich auch recht einfach herausfinden, welche Dateien zuletzt an einem Rechner bearbeitet wurden. Geben Sie dazu den Befehl „run“ in das Windows-Suchfeld ein. Geben Sie nun „recent“ ein und bestätigen Sie mit „OK“. Nun, da Sie das wissen, können Sie auch verhindern, dass Ihre Aktivitäten auf diese Art nachverfolgt werden. Um die aktuellen Einträge zu entfernen, rufen Sie den Datei-Explorer auf und gehen Sie zu „Ansicht“, „Optionen“ und „Ordner- und Suchoptionen ändern“. Unter „Allgemein“ und „Datenschutz“ befindet sich der Eintrag „Datei-Explorer-Verlauf löschen“. Am gleichen

Ort können Sie auch die Optionen deaktivieren, die das Speichern der zuletzt geöffneten Dateien und Ordner ermöglichen.

All das sind lediglich Tricks, den Zugang zu wichtigen Informationen etwas zu erschweren. Sie können damit zum Beispiel verhindern, dass Kinder, die Ihren PC benutzen, über ein wichtiges Verzeichnis „stolpern" und es unabsichtlich löschen. Einen echten Schutz vor allzu neugierigen Zeitgenossen, die sich ein bisschen mit Windows auskennen, bieten sie aber nicht. Sollte Ihnen das nicht reichen, sollten Sie ein weiteres Windows-Nutzerkonto anlegen, zu dem nur Sie Zugang haben, ein Verschlüsselungsprogramm einsetzen oder vertrauliche Inhalte extern speichern.

Systempflege

So sorgen Sie für Ordnung auf Ihrem Windows-11-PC
und spüren Fehler im System auf.

Den Desktop clever nutzen

Der Desktop ist die Arbeitsoberfläche von Windows. Weil es keine echte Ordnungsfunktion gibt, sieht er bei den meisten Nutzerinnen und Nutzern schnell ziemlich chaotisch aus. Mit einem Rechtsklick auf eine leere Stelle und „Sortieren nach" – bei Windows 11 kommt noch „Weitere Optionen anzeigen" als Zwischenschritt dazu – kann man die Programmsymbole (auch „Icons" genannt) immerhin nach Datum, Namen oder Größe ordnen. Besonders viel gewonnen ist damit aber nicht. Trotzdem kann der Desktop mit seinen wahllos verstreuten Icons durchaus auch ordnende Funktion haben. Wichtig ist die Feststellung, dass man dort keine richtigen Dateien, sondern lediglich Verknüpfungen platziert. Eine Verknüpfung ist ein Platzhalter, der zu einer damit verbundenen Datei oder Anwendung führt, die ihrerseits an einem beliebigen Ort auf der Festplatte gespeichert sein kann. Beim Öffnen merkt man gar keinen Unterschied, hat aber den Vorteil, dass die Verknüpfungen die Rechenleistung des PC nicht unnötig belasten.

Dessen ungeachtet ist der Desktop für viele noch immer Speicherort Nummer eins. Neue Dokumente oder von externen Speichern importierte Dateien werden erst einmal dort abgelegt, dann hat man sie beim nächsten Hochfahren sofort zur Hand. Das gehört zu den schlechten Computer-Angewohnheiten, von denen Sie sich unbedingt verabschieden sollten! Es geht damit los, dass Sie Ihre Speicherinhalte damit jedem, der Ihnen gerade über die Schulter schaut, unter die Nase halten. Die erwünschte Übersicht geht zudem bei mehr als zehn Dateien schnell verloren. Ganz zu schweigen davon, dass von Desktop-Elementen keine Sicherungen angelegt werden und die Gesamtleistung des Rechners ganz erheblich beeinträchtigt wird. Ein paar einfache Tricks sorgen für mehr Ordnung auf dem Desktop und helfen Ihnen, den Datei-Explorer sinnvoll zu nutzen.

Legen Sie Ordner an, indem Sie mit rechts auf den Desktop klicken und „Neu", „Ordner" wählen (bei Windows 11 müssen Sie auch hier vorher noch „Weitere Optionen anzeigen" anklicken). Nun können Sie beliebige Verknüpfungen in den Ordner ziehen, also zum Beispiel diejenigen Symbole oder „Icons", die installierte Programme auf dem Desktop hinterlassen. Sie können aber auch selbst Verknüpfungen erzeugen, nämlich indem Sie statt „Ordner" einfach „Verknüpfung" wählen, einen Namen eingeben oder über „Durchsuchen" einen Inhalt auswählen, der verknüpft werden soll – sei es ein Programm, ein Ordner oder eine Datei. Alternativ suchen Sie den Inhalt über den Datei-Explorer, klicken mit rechts darauf und wählen „Senden an". Wählen Sie „Desktop (Verknüpfung)". So organisiert, haben Sie immer alles griffbereit, was Sie brauchen, ohne die Rechenleistung Ihres PC zu beeinträchtigen. Klicken Sie noch einmal mit rechts auf den Desktop und dann auf „Sortieren nach". Nun können Sie wie oben beschrieben alle Verknüpfungen und Ordner nach Kriterien wie „Größe" oder „Elementtyp" ordnen. Die in den meisten Fällen sinnvollsten Optionen sind „Änderungsdatum", wenn Sie die Ordner anzeigen wollen, mit denen Sie zuletzt gearbeitet haben, und „Anzahl der Öffnungen", wenn Sie die Verknüpfungen zu den am häufigsten genutzten Programmen als Erstes anzeigen wollen.

Den Datei-Explorer clever nutzen

Sie wollen bestimmte Ordner immer griffbereit haben? Das geht auch ohne den Umweg über den Desktop – wenn Sie den Datei-Explorer clever nutzen! Legen Sie im Explorer über „Neu" und „Ordner" ein neues Verzeichnis an, etwa mit dem Namen „Aktuelle Projekte". Sorgen Sie dafür, dass es bei jedem Start von Windows sofort verfügbar ist. Öffnen Sie dazu mit „Windows-Taste + R" den „Ausführen"-Dialog. Geben Sie den Befehl „shell:Startup" ein und bestätigen Sie mit „OK". Nun öffnet sich der Explorer mit dem Verzeichnis „Autostart". Ziehen Sie den Ordner „Neue Projekte" (oder wie immer er bei Ihnen heißt) mit gedrückter Maustaste vom Verzeichnisbaum links in die rechte Fensterhälfte. Windows öffnet den Ordner beim nächsten Start automatisch und Sie können ihn nach Belieben zum Speichern nutzen.

Über „Anzeigen" in der oberen Menüleiste des Explorers wählen Sie „Mittelgroße Symbole" oder „Große Symbole". Auf diese Weise wird Ihnen für jeden Ordner und jede Datei eine kleine Vorschau angezeigt. Aktivieren Sie unter „Einblenden" die Option „Vorschaufenster", um schon in der Übersicht Einblick in den jeweiligen Dateiinhalt zu bekommen. Für Office-Dateien – also Word-, Excel- oder PowerPoint-Dateien – zeigt Windows leider nur das immer gleiche Icon, das kaum Rückschlüsse auf den Inhalt zulässt. Eine Mini-Vorschau im Explorer präsentiert Windows nur dann, wenn Sie bei

Mehr Ordnung auf dem Desktop

Mit dem Programm „Fences" lassen sich auf dem Desktop abgegrenzte Bereiche anlegen, in die man Icons und andere Inhalte einsortieren kann. Es kann unter www.stardock.com/products/fences/ heruntergeladen werden. Die Benutzeroberfläche ist in deutscher Sprache verfügbar, nach einer 30-tägigen Testphase kostet das Programm einmalig 25 Euro. Nach der Installation muss man nur einen Rahmen auf den Desktop ziehen und „Einen Fence erstellen" wählen. Neben dem Namen und der Größe kann man Farbe und Aussehen festlegen und die Inhalte von Fence zu Fence unterschiedlich verwalten. Darüber hinaus lassen sich Ordner-Portale erstellen, auf deren Inhalte man über eine anpassbare Live-Ansicht zugreift. Weitere Desktop-Seiten legt man an, indem man einen Fence an den Bildschirmrand zieht. So lassen sich auch ganze Icon-Gruppen verbergen. Ohne „Fences" kann man über die Windows-Funktion „Aktive Anwendungen" rechts neben dem Eingabefeld der Taskleiste weitere Desktops anlegen, indem man auf „Neuer Desktop" klickt.

geöffnetem Dokument „F12" drücken und im Dialog „Speichern unter" unten links die Option „Miniatur speichern" wählen. Soll Word immer Miniaturen speichern, klicken Sie oben links auf „Datei" und dann auf „Informationen". Klicken Sie nun rechts auf „Eigenschaften", wählen Sie das Register „Zusammenfassung" und dort die Option „Miniaturen für alle Word-Dokumente speichern" und bestätigen Sie mit „OK". Bei Excel und Co. funktioniert das genauso. Ihr Desktop bleibt fortan dafür reserviert, wofür er gedacht ist: für Programmverknüpfungen und ein nettes Hintergrundbild!

Tipp. Wenn Sie eine Datei unter einem sinnvollen, zum Thema passenden Namen abspeichern und mit einem Erstellungsdatum versehen, ist das Auffinden in der Ansicht „Details" einfacher. Das Erstellungsdatum in der Form „JJJJMMTT" (oder „JJJJ-MM-TT") als Beginn des Namens ordnet die Datei im Verzeichnis automatisch. Hinzu kommt, dass man seine Dateien sehr einfach mit der Suchfunktion des Datei-Explorers findet, indem man einen Teil des „sprechenden" Namens eingibt.

Alternativen zum Datei-Explorer

Der Datei-Explorer ist eines der wichtigsten PC-Werkzeuge, mit denen sich Verzeichnisse und Inhalte unter Windows verwalten lassen. Er lässt sich auch nicht wirklich umgehen, da er praktisch das Rückgrat der Windows-Suche und anderer wichtiger Funktionen ist. Das schmerzt unter Windows 11 noch mehr als beim Vorgänger, da bestimmte Funktionen wie das Kopieren oder Verschieben von Ordnern gestrichen wurden (siehe dazu Kapitel „Der Datei Explorer", ► Seite 108ff). Auch die Suchfunktion lässt nach wie vor zu wünschen übrig. Die folgenden kostenlosen Alternativen und Ergänzungen helfen Ihnen weiter!

Tablacus Explorer

Abhilfe schafft etwa der kostenlose „Tablacus Explorer" (https://tablacus.github.io/explorer_en.html). Das Programm muss nicht installiert werden. Nach dem Herunterladen entpacken Sie die Software durch einen Doppelklick und starten sie dann über die Anwendungen „TE32" (für 32-Bit-Systeme) oder „TE64" (für 64 Bit). Das Programm zeigt eine Übersicht über Festplatten, Partitionen und Inhalte und sollte automatisch auf Deutsch eingestellt sein. Falls nicht, kann man die Sprache über „Tools" und „Optionen" ändern.

Die allgemeine Ansicht mit dem Verzeichnisbaum links und den Ordnerinhalten rechts ähnelt dem Windows-Original. Über „Ansicht" kann man den „Tablacus Explorer" so frei anpassen, wie man es sich vom Windows-Original wünschen würde. Man kann extragroße Symbole anzeigen oder über „Details auswählen" genau festlegen, welche Informationen man über Ordner und Dateien angezeigt haben möchte. Mit Hilfe des Filters ganz rechts kann man gezielt und schnell nach Inhalten suchen, im Bereich „Favoriten" oft genutzte Ordner festlegen. Mit dem Plus-Symbol in der Leiste direkt über den Fenstern kann man außerdem einen neuen Tab öffnen, was das Verwalten von Inhalten enorm vereinfacht, weil man nicht mehr über mehrere Fenster arbeiten muss. Etwas versiertere Nutzer können über „Add-ons" sogar weitere Funktionen wie Toolbars und zusätzliche Schaltflächen hinzufügen. Wer stattdessen lieber den gewohnten Datei-Explorer mit Tabs ausstatten möchte, findet dafür unter http://qttabbar.wikidot.com/ ein weiteres kostenloses Programm.

Total Commander

Mit der ständig anschwellenden Datenmenge hat man irgendwann ein großes Problem: Wie soll man in all den Ordnern, Dateien und Dokumenten noch irgendetwas finden? Wer einmal versucht hat, im Windows Explorer eine Volltextsuche durchzuführen, der weiß, dass das in den meisten Fällen so gut wie aussichtslos ist. Während man dank Suchmaschinen in der Lage ist, das ganze Internet zu durchsuchen, soll das auf der eigenen Festplatte unmöglich sein? Der Dateimanager „Total Commander" (https://www.ghisler.com/ddownload.htm) ist eine brauchbare Alternative zum Windows Explorer. Auch hier gibt es eine Suchfunktion, auch hier lassen sich die Inhalte der Festplatte flexibler organisieren und verwalten als mit dem Standard-Programm von Windows.

DocFetcher

Ein Programm, um das Sie Windows 11 auf jeden Fall ergänzen sollten, ist „DocFetcher". Die Software ist „Open Source", das heißt, dass sie von Enthusiasten entwickelt und unter der Adresse http://docfetcher.sourceforge.net/de/index.html für Windows, OS X und Linux gratis zur Verfügung gestellt wird. „DocFetcher" ermöglich eine Volltextsuche innerhalb von Speicherbereichen. Damit findet man also Dokumente aller Art, an deren Dateinamen man sich noch erinnert oder die Texte enthalten – wie beispielsweise Office-Dateien.

Tipps zu DocFetcher

Die Benutzeroberfläche von „DocFetcher" ist in vier Bereiche unterteilt. Links oben kann man mit einem Häkchen Dokument-Typen auswählen, die in die Suche einbezogen werden sollen – also etwa Word-Dokumente, MP3-Dateien oder PDFs. Direkt darunter befindet sich der Suchbereich. Da eine jedes Mal neu durchgeführte Stichwortsuche viel zu lange dauern würde, muss man aber zunächst einen Index aus den zu durchsuchenden Ordnern erstellen. Klicken Sie mit rechts auf den Suchbereich, wählen „Index erstellen aus Ordner" und im Baumdiagramm den zu indizierenden Bereich auf der Festplatte. Danach versehen Sie den gewünschten Index mit einem Häkchen, geben oben rechts einen oder mehrere Begriffe ein und klicken auf „Suchen". Die Ergebnisse erscheinen kurz darauf direkt darunter. Das Tollste aber: Sie müssen die aufgelisteten Dateien nicht einzeln öffnen, um zu sehen, in welchem Kontext die Begriffe verwendet wurden. Denn unterhalb des Ergebnisfeldes gibt es ein Vorschaufenster, in dem alle Treffer gelb markiert sind und mittels der Pfeile in der Menüleiste durchblättert werden können.

Die Software bietet noch viele weitere Möglichkeiten wie die Suche nach bestimmten Zeichen- oder Wortfolgen. All das ist leicht verständlich im deutschsprachigen Handbuch erläutert, das man ebenfalls nicht lange suchen muss. Es erscheint im Vorschaubereich, sobald man oben rechts neben dem Suchfeld auf das kleine Fragezeichen klickt. Wer sich also etwas tiefer einarbeiten will, findet in „DocFetcher" ein vielseitiges Allround-Werkzeug für die Arbeit am Desktop. Einziges Manko: Cloud-Speicher können damit nicht durchsucht werden.

Wie funktioniert der „Schnellzugriff"?

Wer einen Blick in den Datei-Explorer (früher Windows Explorer) wirft, stellt fest, dass die „Favoriten" seit Windows 10 durch den „Schnellzugriff" ersetzt wurden. Dieser neue Bereich ganz oben im Baumdiagramm zeigt ebenfalls keine physischen Ordner an – es handelt sich vielmehr um Verknüpfungen. Das heißt konkret: Löscht man etwas aus der angezeigten Liste, verschwindet nicht der betreffende Ordner, sondern nur die dorthin führende Abkürzung, die Nutzern beim Finden von Inhalten helfen soll. Der „Schnellzugriff" ist individuell konfigurierbar. Zu unterscheiden ist dabei zwischen angehefteten und nicht angehefteten Elementen. Erstere sind mit einem Pin-Symbol gekennzeichnet.

Klickt man mit der rechten Maustaste auf den Eintrag und dann auf „Aus Schnellzugriff entfernen“, wird die Verknüpfung nicht mehr angezeigt. Umgekehrt kann man unter „Dieser PC“, wo sich die tatsächlichen, also nicht nur virtuellen, Inhalte befinden, mit einem Rechtsklick und „An Schnellzugriff anheften“ selbst Verknüpfungen erstellen.

Um das Verhalten des Schnellzugriffs zu ändern, klicken Sie mit der rechten Maustaste auf den Eintrag „Schnellzugriff“ und dann auf „Weitere Optionen anzeigen“ und „Optionen“.

Unter „Allgemein“ lässt sich unter anderem festlegen, welche nicht angehefteten Elemente angezeigt werden sollen. Hier kann man wählen zwischen zuletzt verwendeten Dateien und häufig verwendeten Ordnern. Wenn man möchte, kann man auch beides mit einem Häkchen versehen. Die jeweiligen Inhalte werden danach automatisch im Datei-Explorer angezeigt. Nebenbei kann man in den Schnellzugriff-Optionen auch den Datei-Explorer-Verlauf löschen. Das bietet sich an, um auf von mehreren Personen genutzten PCs die eigene Privatsphäre zu schützen. Aktiviert man „Öffnen durch einfachen Klick“, hat man seine Inhalte mit nur einem Mausklick zur Hand.

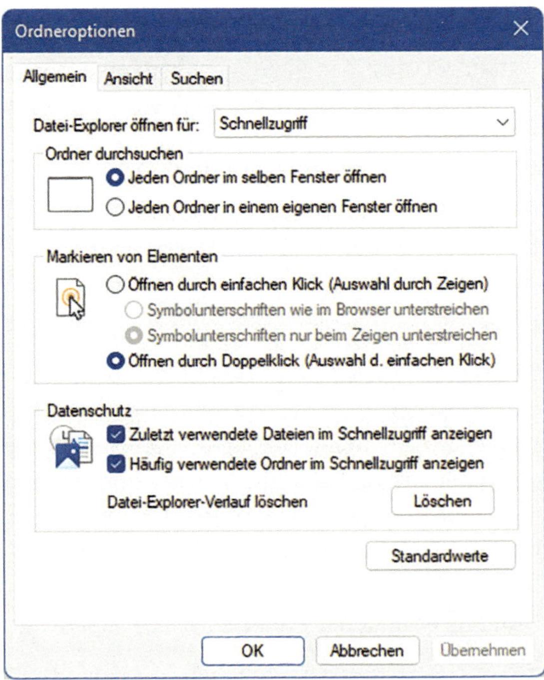

Treiber per Software aktualisieren

Da man für jede Komponente einen eigenen Treiber braucht, ist die Aktualisierung mitunter eine mühsame Angelegenheit, die man besser einer Software überlässt. Der „Driver Updater" von Ashampoo kann unter www.ashampoo.com/de/eur im Bereich „Produkte/System-Software" heruntergeladen werden. Die Lizenz für ein Jahr und drei Geräte kostet knapp 18 Euro. Das Programm beschränkt sich auf die wesentlichen Funktionen: Es aktualisiert Treiber und legt Back-ups installierter Treiber an. Entsprechend übersichtlich ist die Benutzeroberfläche. Direkt nach dem ersten Start wird automatisch nach Treibern gesucht, vor der Installation ein Wiederherstellungspunkt angelegt. Im „Aufgabenplaner" kann man festlegen, dass regelmäßig ein Systemcheck durchgeführt wird. Wünschenswert wäre eine Möglichkeit, ohne Internetverbindung Treiber zu installieren. Das ist hilfreich, wenn es bei den Netzwerkverbindungen klemmt oder man einen PC neu einrichten muss. Die Datenbank ist mit 400.000 etwas klein, die Mitbewerber bieten teilweise das Dreifache. Im Test beeinträchtigte das die Funktionalität aber nicht.

Der „Driver Booster 8" von IObit kostet rund 30 Euro, ebenfalls für drei PCs und ein Jahr. Dass die Lizenz normalerweise fast 90 Euro kostet, wie die Webseite behauptet, ist offensichtlich Unfug. Kein Programm dieser Kategorie kostet viel mehr als 30 Euro. Zum Testen kann man die Gratis-Version unter https://www.iobit.com/de/driver-booster.php# herunterladen. Diese verrichtet recht gut ihren Dienst, allerdings muss man damit jeden Treiber mühsam einzeln installieren. Bei der Installation werden einem diverse andere Programme untergeschoben, die mit Treibern nichts zu tun haben und von anderen Herstellern stammen. Ein Unding, auch wenn sich die unfreiwilligen Zugaben problemlos wieder deinstallieren lassen. Die Treiberaktualisierung über die riesige Datenbank funktioniert dafür tadellos. Die Kaufversion bietet zudem jede Menge Extras wie etwa die bei Ashampoo vermisste Offline-Funktion. Außerdem lassen sich damit Geräte- und

Netzwerkfehler beheben oder Systeminformationen abrufen und exportieren, was beispielsweise dann hilfreich ist, wenn man bei Experten Rat sucht und nach der genauen Systemkonfiguration gefragt wird. Für Gamer gibt es diverse Einstellungsmöglichkeiten, um die Leistung des Systems zu verbessern. Das „Action Center" ist leider wiederum vollgestopft mit Werbung für andere Programme. Insgesamt ein vielseitiges und zuverlässiges Programm, das unter einer hyperaktiven Marketingabteilung leidet.

Wie spürt man Windows-Fehler auf?

Der PC macht nicht, was man will, Programme stürzen ab oder es ist einfach nur das ungute Gefühl, dass irgendetwas nicht stimmt. Zunächst sollten Sie in solchen Fällen ausschließen, dass sich ein Schädling in das System eingenistet hat. Das geht etwa mit „Malwarebytes" (Download unter www.malwarebytes.com/for-home/products/). Für einen Basischeck reicht die zeitlich befristete Gratis-Version. Das Programm kommt sich mit ansonsten installierter Antiviren-Software nicht ins Gehege. Danach sollten Sie sich die letzten Vorgänge auf dem Rechner genauer anschauen. Windows 11 bringt dafür ein Werkzeug namens „Zuverlässigkeitsüberwachung" mit. Um diese zu starten, öffnet man mit der Kombination „Windows-Taste + R" das „Ausführen"-Fenster, gibt den Befehl „perfmon /rel" (ohne Anführungszeichen, mit Leerzeichen vor „/report") ein und bestätigt mit „Return".

Auf dem nun eingeblendeten Zeitstrahl gibt die blaue Linie die geschätzte Zuverlässigkeit an. Interessant sind die Felder darunter. Das Kreuz auf rotem Grund markiert kritische Ereignisse, ein gelbes Warndreieckt steht für Warnungen. Klickt man auf das betreffende Feld, werden unten genauere Informationen dazu eingeblendet. Noch genauer wird die Beschreibung durch einen Doppelklick auf den betreffenden Eintrag. Dort findet

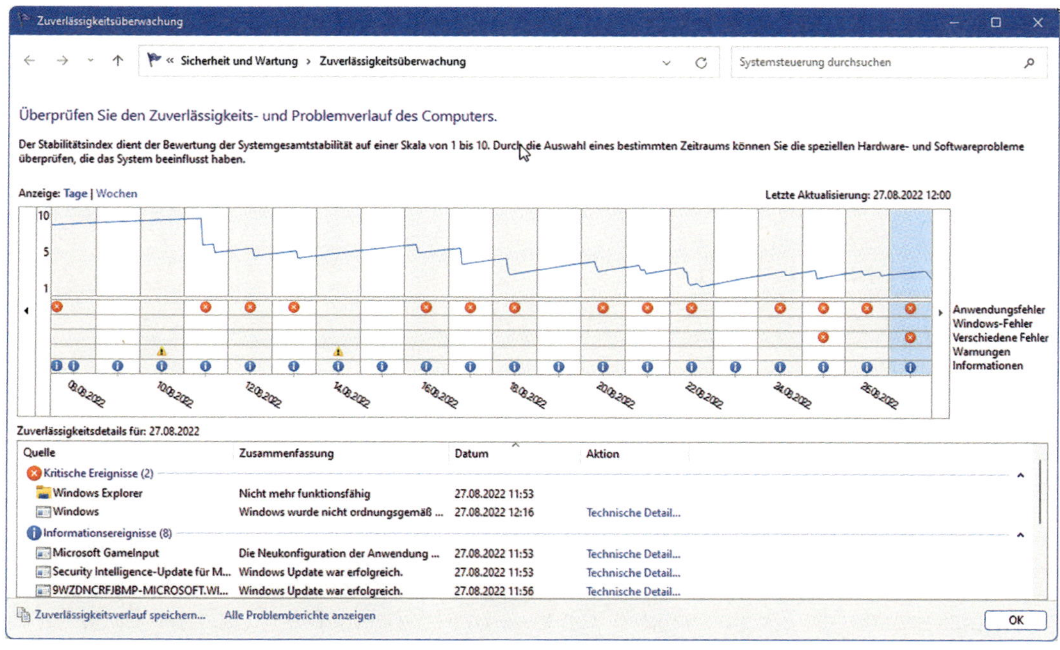

sich auch der Pfad der fehlerhaften Anwendung. Sind Sie sich sicher, dass der Störenfried ein externes Programm ist, das nicht zu Windows gehört, können Sie es deinstallieren. Dabei helfen Programme wie der „IObit Uninstaller" (www.iobit.com/de/advanceduninstaller.php).

Sind Sie sich unsicher, klicken Sie unten auf „In Zwischenablage kopieren" und kopieren den Text mit „Umschalten + Einfügen" in eine Word-Datei oder eine Mail. Dann können Sie einen Experten befragen, wo das Problem liegt, oder selbst googeln. Das „i" auf blauem Grund im Zeitstrahl verweist auf besondere Ereignisse. Wenn Sie sich erinnern, wann die Probleme in etwa angefangen haben, können Sie unter Umständen herausfinden, mit welchem Ereignis, zum Beispiel einem neu installierten Programm, sie zusammenhängen könnten.

Wie lässt sich die Erkennbarkeit in Windows 11 verbessern?

Hohe Auflösungen bei Monitoren machen das Bild nicht nur schärfer, sondern führen auch dazu, dass viele Elemente wie Icons und Schriften kleiner dargestellt werden. Das macht es mitunter schwer, sich in Menüs zurechtzufinden. Schnelle Hilfe bietet die Bildschirmlupe: Windows-Taste halten, dann mit + oder – die Ansicht vergrößern oder verkleinern; „Windows-Taste + ESC", um die Lupe wieder zu schließen. Für eine dauerhafte Lösung gehen Sie in die „Einstellungen" (Windows-Taste plus „I"). Dort haben Sie viele weitere Möglichkeiten, die Erkennbarkeit in Windows zu verbessern. Die wichtigsten Optionen finden Sie unter „Barrierefreiheit", wo Sie unter anderem die Textdarstellung insgesamt vergrößern können. Im Bereich „Mauszeiger" lässt sich der Mauszeiger vergrößern oder seine Farbe so verändern, dass man ihn künftig besser wiederfindet. Unter „Textcursor" lässt sich das Gleiche für die Positionsanzeige in Texten durchführen. Haben Sie Probleme, den Cursor zu finden, helfen Ihnen die „Windows Power Toys" (siehe Kapitel „Power Toys", ► Seite 172ff) weiter.

Auch die Orientierung im Datei-Explorer lässt sich verbessern, indem man die standardmäßig gelbe Ordnerfarbe ändert. Unter der Adresse www.sordum.org/10124/

folder-painter-v1-2/ findet sich das kostenlose Programm „Folder Painter". Bitte ganz nach unten scrollen und die kleine graue Schaltfläche „Download" oberhalb von „Related Posts" zum Herunterladen verwenden! Danach lässt sich das Programm mit einem Doppelklick entpacken und mit einem weiteren Doppelklick auf „Folder Painter (Anwendung)" installieren. Im sich nun öffnenden Programmfenster lässt sich gegebenenfalls über „Menü" und „Languages" die Sprache ändern. Danach klickt man auf „Installieren". Im Datei-Explorer klicken Sie nun mit der rechten Maustaste auf den gewünschten Ordner und dann auf „Ordner Symbol ändern".

100 Computer-Tipps, Teil 1, 2. Auflage

Wer sich näher mit dem Computer befasst, stößt auf Funktionen, die Wege abkürzen oder neue Möglichkeiten eröffnen. Am ehesten bekannt ist, dass es für viele Bedienschritte eine einfache Tastenkombination gibt. Aber wer kennt sie schon alle? Noch weniger geläufig ist, wie man in den Office-Programmen von Microsoft zu den Sonderzeichen gelangt, Bilder und kopierten Text einfügt oder E-Mails sicherer macht. Das Verwenden von Suchmaschinen scheint keine Hexerei. Doch was gibt man ein, damit man tatsächlich findet, was man sucht? Wie kontrolliert man, welche Daten Google über einen sammelt? Und welche kostenlose Software bietet profimäßige Zusatzfunktionen? Wir haben 100 nützliche Tipps für den Computer-Alltag zusammengestellt und über 90 der wichtigsten Begriffe aus der Computerwelt verständlich erklärt. So können Sie ein Stück in die Geheimnisse des „unbekannten Wesens" Computer eintauchen.

Flexcover, 152 Seiten, € 19,90
ISBN 978-3-99013-081-0
www.konsument.at/100computertipps

100 Computer-Tipps, Teil 2

Die monatlichen Computertipps gehören zu den beliebtesten Rubriken in unserem Testmagazin KONSUMENT. Der Erfolg unseres ersten Buches mit 100 nützlichen Tipps zur Erleichterung des PC-Alltags hat das große Interesse der Konsumentinnen und Konsumenten am Thema bestätigt. Der nun vorliegende zweite Teil enthält 100 weitere praxisnahe Tipps, erklärt in einer auch für weniger versierte Nutzer verständlichen Sprache. Sei es die zusätzliche Absicherung von Online-Benutzerkonten, das übersichtliche Anschreiben mehrstelliger Zahlen in Word-Dokumenten, das Abschalten lästiger Werbeeinblendungen in Windows 10, die Verwendung von Preissuchmaschinen oder die Erhöhung der Sicherheit im Internet-Browser. Im Computer stecken zahllose Möglichkeiten; dieses Buch hilft dabei, sie zu entdecken und sinnvoll einzusetzen.

Flexcover, 176 Seiten, € 19,900
ISBN 978-3-99013-074-2
www.konsument.at/100computertipps-2

Das Lexikon für die digitale Welt

4k, Algorithmus, Bandbreite, HDMI, USB-C … Sind Ihnen die unzähligen in der Technikwelt herumschwirrenden Kürzel und Begriffe ein Rätsel? Das muss nicht länger so sein, denn dieses Lexikon entschlüsselt die „Geheimsprache". Mehr als 1.000 Begriffe rund um Computer, Internet, Smartphone und Smart-TV werden auf verständliche Weise erklärt. Ergänzend dazu gibt es zu jedem Begriff eine lautmalerische Aussprachehilfe. Schlagen Sie nach und reden Sie mit!

Flexcover, 192 Seiten, € 19,90
ISBN 978-3-99013-096-4
www.konsument.at/technik-lexikon

Das österreichische Testmagazin

Ihr Ratgeber für den täglichen Einkauf. Jeden Monat mit Tests, Reports und Analysen. Ohne Inserate, deshalb unabhängig von Firmen. Nur dem Leser verpflichtet.

Beratung & Konsumentenschutz

Wir beraten Sie vor und nach dem Kauf. Und helfen Ihnen, zu Ihrem Recht zu kommen. In **Musterprozessen** zeigen wir Missstände auf. Besserer Konsumentenschutz ist das Ziel.

Test-Urteile

Test ist nicht gleich Test. Nur Konsumentenschutzorganisationen wie der VKI prüfen nach international anerkannten Standards. Deshalb ist auf unsere Testergebnisse Verlass. Strenge Qualitätsrichtlinien zeichnen unsere Arbeit aus.

Wir sind für Sie da

Aboservice. Für Fragen zu Ihrem KONSUMENT-Abonnement, für Adressänderungen sowie für Buchbestellungen wählen Sie Tel. 01 588 774 (Mo bis Do 8 – 16 Uhr, Fr 8 – 14 Uhr)

Beratung. Die Experten unseres Beratungszentrums sind unter Tel. 01 588 77-0 erreichbar (Mo bis Fr 9 – 13 Uhr)

Persönliche Beratung
Wien: Mariahilfer Straße 81, Tel. 01 588 77-0 (Terminvereinbarung, Mo bis Do 9 – 16 Uhr, Kostenbeitrag 25 €)
Innsbruck: Maximilianstraße 9, Tel. 0512 58 68 78 (Mo bis Do 8 – 12 Uhr)